Kirchenvorsteher, Presbyter, Älteste

Peter Stenzel

Kirchenvorsteher Presbyter Älteste

Eine Analyse der Volkskirche

Verlag Peter Lang

Peter Stenzel

Kirchenvorsteher Presbyter Älteste

Eine Analyse der Volkskirche

Verlag Peter Lang
Frankfurt am Main · Bern · New York · Nancy

CIP-Kurztitelaufnahme der Deutschen Bibliothek

Stenzel, Peter:

Kirchenvorsteher, Presbyter, Älteste : e.
Analyse d. Volkskirche / Peter Stenzel. -
Frankfurt am Main ; Bern ; New York ; Nancy :
Lang, 1984.
  ISBN 3-8204-8082-X

ISBN 3-8204-8082-X

© Verlag Peter Lang GmbH, Frankfurt am Main 1984

Druck und Bindung: Weihert-Druck GmbH, Darmstadt

VORWORT

Dieses Buch ist aus der Praxis des Pfarramtes entstanden. Es schildert alltägliche Erfahrungen, die mit derzeitigen kirchensoziologischen und sozialpsychologischen Erkenntnissen verbunden werden.

Das Buch will gelegentlich provozieren und soll daher in erster Linie als Diskussionsgrundlage dienen.

Der Verfasser beleuchtet aus der Sicht von Kirchenvorstehern (Presbytern, Ältesten) Christentum und Kirche und gibt Impulse für ein angemessenes Verständnis der Situation der Volkskirche.

Auf einen akademischen Schreibstil ist bewußt verzichtet worden, um allen Interessierten die Lektüre zu erleichtern.

Danken möchte ich meiner Frau Margot für mancherlei hilfreiche Anregungen.

Anmerkungen und Literaturhinweise werden im laufenden Text dargeboten. Die Literaturhinweise beschränken sich auf den Namen des Verfassers, einer Kurzform des Titels und der Seitenzahl. Im Literaturverzeichnis finden Sie im Sperrdruck die Kurzform des Titels. Zitate ohne Literaturhinweis stammen aus persönlichen Begegnungen mit dem Verfasser.

INHALTSVERZEICHNIS

EINLEITUNG

In der Evangelischen Kirche in Deutschland (Bundesrepublik) gibt es über hunderttausend Frauen und Männer, die als Kirchenvorsteher, Presbyter oder Älteste in einer Kirchengemeinde ehrenamtlich tätig sind (im folgenden soll einheitlich die Bezeichnung 'Kirchenvorsteher' verwendet werden; vor allem sind damit auch die Frauen als Kirchenvorsteherinnen angesprochen, deren Prozentsatz in den Kirchenvorständen in den letzten Jahren stetig gestiegen ist; vgl. Winter, Gemeindeleitung, S. 69).

Der angehende Pfarrer bzw. Pfarrerin erfahren während ihres Studiums so gut wie nichts über diese Leitungsgruppe in der Kirchengemeinde. Den Kirchenvorstehern selbst ist ihre Rolle im einzelnen unklar. In ihrer Begrifflichkeit ziemlich verschwommen und unverbindlich wirken die Aussagen über den Kirchenvorstand in den Kirchenordnungen; sie sind den Kirchenvorstehern auch kaum bekannt (siehe K. 4).

Erst in den letzten Jahren erschienen einige Arbeiten, die sich mit der vorfindlichen Wirklichkeit des Amtes und der Funktion des Kirchenvorstandes auseinandersetzten (Winter, Gemeindeleitung; Lück, Kirchengemeinde; Stenzel, Kirchenvorsteher). Die Ergebnisse dieser Untersuchungen lassen sich folgendermaßen zusammenfassen:

— Bei den Kirchenvorstehern handelt es sich um keine einheitliche Gruppierung unter den Kirchenmitgliedern. Uns begegnen bei ihnen die unterschiedlichsten und gegensätzlichsten christlich-kirchlichen Vorstellungen und Verhaltensweisen.

— Die Kirchenvorsteher heben sich nicht ab von den anderen Mitgliedern in der Volkskirche. Die Kirchenvorsteher spiegeln in ihrer Vielfalt die Situation aller Mitglieder in der Volkskirche wider.

— Für das Selbstverständnis der Kirchenvorsteher sind neben ihren christlich-religiösen Erfahrungen und Prägungen während der Kinder- und Jugendzeit auch Einflüsse des frühen Erwachsenenalters bedeutsam. Die Art der Kirchengemeinde ist hierbei von maßgeblichem Einfluß.

— Insgesamt gesehen befinden sich volkskirchliche Traditionen noch in Geltung, die von der theologischen Forschung und von offizieller kirchlicher Seite bisher so gut wie nicht zur Kenntnis genommen wurden.

Dieser Sachverhalt bildet die Grundlage der folgenden Ausführungen, die auf eine Analyse der gesamten volkskirchlichen Situation hinauslaufen.

1. Die Kirchengemeinden

Alle Kirchenvorsteher sind ehrenamtlich in einer Kirchengemeinde tätig.

Hinsichtlich der Siedlungsstruktur (Dorf, Stadt), der Zusammensetzung der Bevölkerung, der überkommenen Frömmigkeit, treffen wir auf eine bunte Palette der Arten von Kirchengemeinden. Folgende Typen kann man unterscheiden:

— Kirchengemeinde auf dem Land;

— Kirchengemeinde in der Kleinstadt;

— Kirchengemeinde in der Großstadt;

— Kirchengemeinde am Stadtrand einer Großstadt mit altem Ortskern;

— Neue Kirchengemeinde am Stadtrand;

— Kirchengemeinde pietistischer Prägung.

Anhand dieser Typen lassen sich die jeweiligen kirchlichen Besonderheiten gut darstellen, obgleich in Wirklichkeit viele Übergangs- und Mischformen anzutreffen sind. Man könnte die Kirchengemeinden auch anders untergliedern oder weitere Arten von Kirchengemeinden nennen (siehe z.B. Oberhessischer Studienkreis, Land gewinnen). Zum Beispiel werden die Kirchengemeinden als Personalgemeinden nicht berücksichtigt. Solche Kirchengemeinden sind im Rahmen der Volkskirche selten und haben auf das Gesamtbild von Kirche keinen bemerkenswerten Einfluß (zur Darstellung einer solchen Kirchengemeinde siehe Stenzel, Kirchenvorsteher).

Auch die Unterscheidung zwischen lutherischen, unierten und reformierten Kirchengemeinden macht sich lediglich im Ablauf der Gottesdienste und der rechtlichen Stellung der Kirchenvorsteher bemerkbar. Der Stellenwert des Gottesdienstes insgesamt und das Selbstverständnis der Kirchenvorsteher erfahren dadurch keine wesentliche Änderung.

Bevor nun jeder Typ von Kirchengemeinde beschrieben wird, soll der historisch überkommene Aufbau einer Kirchengemeinde skizziert werden. Nach Lück (Kirchengemeinde) gliederte sich die alte Kirchengemeinde (vor dem 19. Jahrhundert) in vier Bereiche auf:

— *Pfarramt:* Der Pfarrer als kirchliche Obrigkeit vor Ort hatte die Bevölkerung des Gemeinwesens religiös zu versorgen mit den öffentlichen *Gottesdiensten,* die den Jahresablauf begleiteten, mit *Amtshandlungen* (Taufe, Konfirmation, Trauung, Beerdigung) für die einzelnen Übergangs- und Krisensituationen des Lebens, mit *Besuchen,* um der Hausgemeinschaft der Großfamilie die Ehre zu erweisen, mit dem *Unterricht* für die religiöse Erziehung der Kinder.

— *Pfarrhaus:* Das Pfarrhaus galt als „Modell christlicher Lebensführung" (Lück, Kirchengemeinde, S. 35). Vom Pfarrer und seiner Familie erwartete man sittliches und moralisches Vorbildverhalten. Die Frau des Pfarrers unterstützte und begleitete in der Regel die Tätigkeiten ihres Mannes und nahm ebenfalls eine mit Autorität verbundene Stellung ein.

Diese beiden Bereiche mit der Person des Pfarrers im Mittelpunkt galten im Bewußtsein der Bevölkerung als Kirche. Der Pfarrer trat als kirchliche Obrigkeit gegenüber weltlichen Obrigkeiten auf, denen die „weltliche" (politische) Verantwortung für das Gemeinwesen oblag.

Laienmitarbeiter des Pfarrers — abgesehen von Küster und Organist — gab es nur in reformierten Gemeinden, in denen das Ältesten- und Diakonenamt fester Bestandteil der Organisation der Kirchengemeinde waren.

— *Gemeindeleitung:* Bis zur Mitte des 19. Jahrhunderts gab es noch nicht die rechtliche Trennung zwischen Kirchengemeinde und Zivilgemeinde. In der Regel wurden die Verwaltungsaufgaben der Kirche vom örtlichen Gemeinderat wahrgenommen. Ein- und dieselbe Personen regelten also zivile (weltliche) als auch kirchliche Angelegenheiten zum Wohle des ganzen Gemeinwesens. Es versteht sich hierbei von selbst, daß dies angesehene Bürger waren, Honoratioren.

Nachdem zwischen Kirchengemeinde und Zivilgemeinde Mitte des letzten Jahrhunderts rechtlich getrennt wurde, blieb auf seiten des Kirchenvorstandes das Verantwortungsbewußtsein für das gesamte Gemeinwesen erhalten, nur daß sich jetzt der Kirchenvorstand als eigenes Gremium ausschließlich um die Dinge zu kümmern hatte, die von der Kirche her das Gemeinwesen betrafen (Verwaltung des Eigentums und der Finanzen der Kirche, Kontrolle der religiösen Versorgung des Gemeinwesens). Der Gemeinderat widmete sich nun ausschließlich kommunalpolitischen Aufgaben.

Ursprünglich war der Kirchenvorstand also ein mehr weltliches Amt (Lück, Kirchengemeinde, S. 32).

— *Vereine:* In der Mitte des letzten Jahrhunderts entstanden nach dem teilweisen Zerfall der alten Großfamilie — bedingt durch die Industrialisierung — die Vereine, auch im kirchlichen Raum als selbständige evangelische Vereine (Frauenhilfe, Missions- und Diakonievereine u.s.w.). Durch die Vereine erhielt der Gemeinschaftsgedanke, der Vorläufer im Pietismus hatte (Schuster, RGG VI, Art. Vereinswesen), ein verstärktes Gewicht in der Kirchengemeinde.

Diese vier Bereiche stellen auch heute noch das Fundament jeder Kirchengemeinde dar, und Veränderungen lassen sich am besten in der Auseinandersetzung mit diesen historisch überkommenen Gegebenheiten aufzeigen. Die alte Struktur der Kirchengemeinde ist am deutlichsten noch in der Kirchengemeinde auf dem Land sichtbar.

1.1. Kirchengemeinde auf dem Land

Die heutige Abgrenzung der Kirchengemeinden erfolgte in den meisten Fällen vor Jahrhunderten und stammt zum Teil sogar aus der Zeit vor der Reformation. Die Grenzen der Kirchengemeinden waren hierbei identisch mit den Grenzen des örtlichen Gemeinwesens. Die Kirchengemeinde als eigene Größe gab es nicht. Es handelte sich also um eine „geistlich-weltliche Einheit" (Rendtorff, soziale Struktur, 38).

In seiner Aufgabe, das Gemeinwesen religiös zu versorgen, wirkte der Pfarrer „normierend und gestaltend auf das soziale Geschehen" ein (Rendtorff, soziale Struktur, S. 41). Er bemühte sich, mit Gottesdiensten, Amtshandlungen, Besuchen und Unterricht das Christentum als Grundlage des Glaubens, Denkens und Handelns zu festigen.

Bis heute ist die rechtliche Trennung zwischen Zivilgemeinde und Kirchengemeinde kaum in das Bewußtsein der Kirchenmitglieder eingedrungen. Es wirkt immer wieder künstlich, zwischen beiden 'Gemeinden' zu unterscheiden, sind es doch dieselben Personen, die zu beiden 'Gemeinden' gehören.

Ähnliche Schwierigkeiten ergeben sich, von der Kirchengemeinde als einer Gemeinschaft zu sprechen, was theologisch üblich ist. Zum einen gibt es kein einheitliches Verständnis von Gemeinschaft (siehe König, Soziologie, S. 92ff); wenn wir zum anderen unter Gemeinschaft ganz allgemein zwischenmenschliche Beziehungen und Kontakte verstehen, dann ist Gemeinschaft ein Merkmal s c h l e c h t h i n der ländlichen Ortschaften. Ein hoher Grad von Verwandtschaftsbeziehungen, der „von alters her zur Bildung von Sippen, Lagern und Cliquen innerhalb des Ortes geführt hat" (Stenzel, Arbeitsformen, S. 114) und die Vereine, auf die wir noch gesondert zu sprechen kommen, bilden die Träger der Gemeinschaft.

Die Kirche, bzw. der Pfarrer findet also Gemeinschaft vor, und man kann lediglich noch besondere Gruppierungen *innerhalb* dieser vorhandenen Gemeinschaft bilden (Chöre, Bibelkreise, Seminare u.s.w.).

Die engen Verwandtschaftsbeziehungen lassen auch noch die Umrisse der alten Großfamilien sichtbar werden, besonders bei familiären Festen oder bei Beerdigungen. Die unentgeltlichen Hilfeleistungen untereinander in der Ernte oder beim Hausbau haben allerdings abgenommen.

Bis vor wenigen Jahren sprach man noch von der 'Landflucht' und wollte damit zum Ausdruck bringen, daß die Ortsgemeinschaft unaufhaltsam am Zerfallen ist. Heute ist umgekehrt eher ein 'Ausbluten' der Großstädte zu beobachten; denn die ländlichen Gemeinwesen vergrößern sich ständig durch Neubaugebiete.

Die Neuzugezogenen haben mitunter große Schwierigkeiten, Zugang zur alten Ortsgemeinschaft zu finden. Das geschieht am ehesten über Gruppierungen der Kirche oder durch die Mitgliedschaft in Vereinen.

In erster Linie sind es in den ländlichen Gemeinwesen die Vereine (Gesangsvereine, Sportvereine, Feuerwehr u.s.w.), die die Ortsgemeinschaft aufrechterhalten und das Bewußtsein festigen, das Gemeinwesen stelle nach wie vor eine Einheit (Dorfidentität) dar. Ihre Veranstaltungen befriedigen Geselligkeits- und Kontaktbedürfnisse und haben in der Regel Vorrang vor den Veranstaltungen des Pfarrers. Mittelpunkt des sozialen Lebens ist die Kirche nicht mehr (Wurzbacher/ Pflaum, Dorf, S. 201).

Wir haben bereits erwähnt, daß die Vereinsbildung in dem sozialen Wandel wurzelte, der sich infolge der Industrialisierung im letzten Jahrhundert vollzog. Vorher bot die Großfamilie Raum für Kontakte und Geselligkeit. Mit dem Übergang von der Großfamilie zur Kleinfamilie entstand eine Lücke in den sozialen Bedürfnissen, die nun von den Vereinen ausgefüllt wurde. Die damaligen selbständigen evangelischen Vereine betrachtete man von seiten der kirchlichen Institution sogar mit Mißtrauen (Schuster, RGG VI, Art. Vereinswesen, Sp. 1320). Doch nach dem Zweiten Weltkrieg wurden die evangelischen Vereine dem jeweiligen Gemeindepfarrer unterstellt, was dessen Position noch mehr festigte. Die anderen 'weltlichen' Vereine gewannen an Selbständigkeit und Unabhängigkeit. Heute reagieren Vereinsvorstände sehr empfindlich, wenn sich der Pfarrer in ihre Angelegenheiten einmischt oder versucht, die Mitglieder des Vereins zu bevormunden. Man wünscht ein partnerschaftliches Verhältnis mit gegenseitiger Rücksichtnahme und ohne Konkurrenzgeplänkel.

Grundsätzlich befinden sich die kirchlichen Gruppen und Kreise auf einer Ebene mit anderen Vereinen. Frauenhilfe und Jugendarbeit zum Beispiel kommen ebenfalls hauptsächlich Geselligkeitsbedürfnissen nach.

Der Familie sind die Vereine in ihrer Bedeutung allerdings nachgeordnet; denn von ihrer Entstehung her nehmen sie auch nur stellvertretende familiäre Funktionen wahr. Wenn also die Kirche familiäre Ereignisse begleitet (Amtshandlungen, Gottesdienste am Totensonntag und an Weihnachten), treten die Vereine in den Hintergrund. Sie umrahmen dann oft die Handlungen des Pfarrers: Gesang bei Beerdigungen und Hochzeiten, Spalier nach der Trauung.

Nachdem wir nun das Umfeld von Kirche auf dem Land erläutert haben, ergibt sich: Im Bewußtsein der Kirchenmitglieder sind Pfarrer und Kirche nahezu gleichbedeutende Begriffe. Der Pfarrer stellt in seiner Person die Kirche dar, er repräsentiert die Kirche (Hild, stabil, S. 59ff). Kirchliches Leben konzentriert sich auf die Veranstaltungen des Pfarrers (im folgenden soll weiterhin die einheitliche Bezeichnung 'Pfarrer' verwendet werden, was auf keinen Fall die Stellung der Frau als Pfarrerin beeinträchtigen soll. In manchen ländlichen Kirchengemeinden muß hier noch ein Umdenkungsprozeß erfolgen, da von der Tradition her der Beruf des Pfarrers mit männlichen und patriarchalischen Eigenschaften verbunden ist. Doch in vielen Kirchengemeinden empfindet man inzwischen eine Pfarrerin als Bereicherung).

Die Strukturveränderungen auf dem Land (Groß- oder Verbandsgemeinden) führten zu einer verstärkten Personenorientierung. Da der Bürgermeister nur noch untergeordnete Funktionen innehat und der Dorflehrer der Vergangenheit angehört, stellt der Pfarrer oft die einzige Autorität dar, die das Gemeinschafts- und Einheitsbewußtsein des Ortes unterstützt.

Zudem vereinigt der Pfarrer in seiner Person mit der helfenden Begleitung in den jeweiligen Lebensabschnitten und Krisen (Amtshandlungen) und den öffentlichen, auf den Jahresablauf abgestimmten Gottesdiensten die „Einheit der Lebenswirklichkeit" (Dahm, Verbundenheit, S. 154).

Die Gemeindeglieder haben konkrete Vorstellungen, was ein Pfarrer im Rahmen seiner religiösen Versorgung des Gemeinwesens zu leisten hat: Neben den Amtshandlungen und den Gottesdiensten persönliche Kontakt mit jung und alt zu pflegen und überkommene örtliche Traditionen zu respektieren.

Aufgrund seiner angestammten Autorität als kirchliche Obrigkeit bittet man den Pfarrer auch immer wieder, bei Jubiläen und Festen der 'Zivilgemeinde' und der Vereine als Repräsentationsperson aufzutreten. Das heißt, er hält zum Beispiel die Festrede bei Vereinsjubiläen oder übergibt ein Feuerwehrgerätehaus seiner Bestimmung. Zumindest wird darauf Wert gelegt, daß der Pfarrer bei den Festen anwesend ist.

Die vom Pfarrer mitgetragene Einheit des Gemeinwesens würde gestört, wenn er sich einseitig politisch engagierte. Von der Struktur der alten Kirchengemeinde her ist Politik Angelegenheit der 'weltlichen' Obrigkeit (auf das Verhältnis von Kirche und Politik gehen wir später noch ausführlicher ein).

Die Mitarbeiter des Pfarrers sind in der Kirchengemeinde auf dem Land von untergeordneter Bedeutung. Eine aktive Laienbeteiligung gehörte früher nicht zur Struktur der Kirchengemeinde (Rendtorff, soziale Struktur, S. 53). Laienchristen spielten erst seit der Gründung der evangelischen Vereine eine Rolle (vorher jedoch schon in pietistisch geprägten Kirchengemeinden).

Pfarramt (Pfarrer), Pfarrhaus und Kirchengebäude *sind* die Kirche auf dem Land. Mitarbeiter in der Kirchengemeinde beeinflussen das Verständnis und das Bild von Kirche nicht.

Das Leben in einer Kirchengemeinde wird allgemein daran gemessen, wieviel Personen den sonntäglichen Gottesdienst besuchen. Das ist nicht nur eine weit verbreitete Ansicht der Pfarrer und übergeordneter kirchlicher Gremien, sondern auch der Kirchenmitglieder selbst.

Dieselben Kirchenmitglieder nun, die einen geringen Gottesdienstbesuch beklagen, findet man selbst auch nur gelegentlich in der Kirche. Sie bejahen zwar die Norm 'regelmäßiger Kirchgang', die sie früher gelernt haben, verhalten sich aber nicht dementsprechend (vgl. Matthes, Amtshandlungen, S. 84f). Infolgedessen hört der Pfarrer bei Besuchen immer wieder Entschuldigungen wie: ,,Ich bin zwar kein großer Kirchgänger, aber . . .'', und dann folgt in der Regel ein rechtfertigender Hinweis auf die eigene Rechtschaffenheit oder die Bemerkung, die regelmäßigen Kirchgänger seien auch keine besseren Christen.

Dem Gottesdienst kommt also eine Eigenbedeutung zu, die unabhängig von der persönlichen Teilnahme besteht. Allein das Vorhandensein dieser regelmäßig am Sonntag stattfindenden Veranstaltung des Pfarrers mit der Begleiterscheinung des Glockenläutens hält das Bewußtsein aufrecht, daß die Welt noch in Ordnung ist und vermittelt so etwas wie ein Sicherheits- und Geborgenheitsgefühl (siehe Stoodt/ Weber, Christentum, S. 308).

Von daher ist der Widerstand vieler Gemeindeglieder gegen Veränderungen des Gottesdienst*rahmens* erklärbar. Wenn man nur selten den Gottesdienst besucht, möchte man aber etwas Vertrautem begegnen, während die Inhalte durchaus wechseln können. Die *Gestalt* ist wichtiger als der *Gehalt*. Eine Kirchengemeinde verkraftet theologisch entgegengesetzte Pfarrer leichter als einen häufigen Wechsel der Gottesdienstformen.

Seit dem Zweiten Weltkrieg hat die Zahl der Gottesdienstbesucher stetig abgenommen. Allgemein kann man dafür den steigenden Wohlstand verantwortlich machen, der zu einer Vielzahl von Freizeitmöglichkeiten führte. Zugleich läßt aber oft die Wirklichkeitsbezogenheit der gottesdienstlichen Inhalte sehr zu wünschen übrig. Der Gottesdienst wird als „etwas Fremdes, Nicht-Persönliches und Nicht-Gemeinschaftliches" empfunden (Feige, Erfahrungen, S. 9). Dieses Urteil stammt von jungen Erwachsenen, die mit dem Gottesdienst auch Langeweile und Sprachlosigkeit verbinden (Feige, Erfahrungen, S. 106).

Andererseits bewirkt ein wirklichkeitsnahes Reden im Gottesdienst keinen wesentlich höheren Zustrom der Gemeindeglieder. Im sozialen Gefüge des ländlichen Gemeinwesens ist der gelegentliche Besuch des Gottesdienstes tief verwurzelt. Wer plötzlich jeden Sonntag geht, fällt auf: „Mit dem stimmt etwas nicht", heißt es dann im Ort. Der sonntägliche Besuch des Gottesdienstes gehört nicht zum Normalverhalten, und die Sitte läßt nach, aus jedem Haus ein Familienglied zu schicken.

Auch auf dem Land wandelt sich der Besuch des Gottesdienstes immer mehr zu einer Privatangelegenheit derer, die Trost und Erbauung erwarten (vgl. Wurzbacher/Pflaum, S. 217ff).

Dem Gottesdienst fehlt heute weithin der „Kranz von sozialen Außenwirkungen" (Rendtorff, soziale Struktur, S. 46). Früher war der Gottesdienst eine der wenigen Freizeitmöglichkeiten, in denen der Austausch von Informationen seinen Platz hatte, der Sonntagsstaat gezeigt werden konnte und man auch zarte Bande anknüpfte. Heute ist es schwierig, überhaupt zu begründen, warum die Gemeindeglieder den Gottesdienst besuchen sollten. Theologische Argumente verstehen die Gemeindeglieder kaum. Man geht — wie gesagt — aus einem persönlichen Erbauungsbedürfnis (im Gottesdienst sucht man Ruhe, Trost, Besinnung und so etwas wie Wegweisung), aus Tradition oder um vom Pfarrer wieder einmal gesehen zu werden (vorausgesetzt, der Pfarrer ist beliebt); mitunter faßt man den Kirchgang auch als Gegenbesuch auf, wenn der Pfarrer vorher im eigenen Haus war.

Dem inhaltlichen Ablauf des Gottesdienstes begegnen die Gemeindeglieder unterschiedlich. Für die einen ersetzt die Liturgie das kaum noch vorhandene persönliche Gebet und trägt wesentlich zur Beruhigung und Besinnung bei; für andere nimmt der liturgische Rahmen den Stellenwert eines „frommen Geräusches" ein, und man konzentriert sich ganz auf die Predigt.

Am plausibelsten ist der Besuch des Gottesdienstes noch in Verbindung mit familiären Ereignissen zu begründen. Totensonntag, Weihnachten, nach einem Trauerfall in der Familie oder bei Amtshandlungen gehört der Gottesdienstbesuch noch zum Normalfall. Für einen hohen Prozentsatz aller Kirchenmitglieder erschöpft sich damit ihre kirchliche Beteiligung.

In Not- und Krisenzeiten steigt das Interesse am Gottesdienst, was zugleich auf einen Kernpunkt der Volksfrömmigkeit hinweist: 'Not lehrt beten'. Mit zunehmendem Wohlstand nach dem Zweiten Weltkrieg sank die Besucherzahl der Gottesdienste. Wenn man aus eigener Kraft etwas aufbaut und sichbare Leistungen vollbringt, braucht man die Kirche weniger; man meistert das Leben allein. Gegenwärtig gibt es Anzeichen, die ein regeres Interesse am Gottesdienst signalisieren, da sich die Grenzen des Wachstums und des Wohlstandes abzeichnen und die optimistischen Entfaltungsmöglichkeiten des Menschen spürbar gedämpft werden.

Der geringe Gottesdienstbesuch darf allgemein nicht als ein besonderes Kennzeichen der Gegenwart angesehen werden. Wenn man Pfarramtchroniken liest oder Bücher über die Heimatgeschichte aufschlägt, kann man ein stetes Auf und Ab der kirchlichen Bindungen und des Teilnahmeverhaltens seit Jahrhunderten beobachten (Matthes, Kirche, S. 107; Bonnet, Nassovica II, S. 65ff).

Die Häufigkeit jedenfalls, den Gottesdienst zu besuchen oder nicht, stellt die Existenz der Volkskirche überhaupt nicht in Frage.

Solange es die Institution der Familie gibt, stellen die Amtshandlungen Stütze und Garantie für die Volkskirche dar. Und von einer Krise der Amtshandlungen kann man nach wie vor nicht sprechen (gegen Rendtorff, soziale Struktur, S. 91, der 1958 bereits von einer Krise der Amtshandlungen sprach und damit andeutete, die Anzahl der Taufen, Konfirmationen, Trauungen und Beerdigungen werde rapide zurückgehen). Abgesehen von der kirchlichen Trauung hat sich in der Inanspruchnahme der anderen Amtshandlungen so gut wie nichts geändert. Auf dem Land ist die kirchliche Trauung weitgehend auch noch eine Selbstverständlichkeit.

Bei den Amtshandlungen sind alle Altersgruppen vertreten, während die „normalen" Gottesdienste überwiegend von älteren Gemeindegliedern besucht werden. Die mittlere Generation in ihrer vollen Leistungsfähigkeit hat es nicht „nötig", Erbauung und Trost im Gottesdienst zu suchen.

Wir haben die Situation der Kirchengemeinde auf dem Land etwas ausführlicher skizziert, weil die Strukturmerkmale der alten Kirchengemeinde noch am deutlichsten sichtbar sind und weil damit die Beurteilungsrichtlinien für die Darstellung anderer Typen von Kirchengemeinden gewonnen wurden.

1.2. Kirchengemeinde in der Kleinstadt

Für die Kirchengemeinde in der Kleinstadt trifft fast alles zu, was von der Kirchengemeinde auf dem Land gesagt wurde. Einige kleinstädtische Besonderheiten wirken auf die Kirchengemeinde ein.

Kleinstädte zeichnen sich oft durch ein ausgeprägtes Standesdenken aus. Höhere Beamte, leitende Angestellte, Geschäftsleute, Ärzte und Pfarrer bilden so etwas wie die städtische Elite. Betont partnerschaftliche Beziehungen kennzeichnen auch das Verhältnis untereinander und bestimmen die Kontakte zu kommunalen Behörden und den mitunter sehr zahlreichen Vereinen. Die Pfarrer als Repräsentanten der Kirche werden zu allen bedeutenden Anlässen der Stadt eingeladen.

Die Einwohner wissen zwar um die Trennung zwischen Kirchengemeinde und Zivilgemeinde, obwohl auch hier vielfach Deckungsgleichheit und Mitgliedschaft in kommunalen Behörden, Kirche und den Vereinen vorhanden ist; kennzeichnend angesichts der bestehenden sozialen Vielfalt ist aber der Gedanke der Einheit des Gemeinwesens. Die Einheit wird als tatsächliche Gegebenheit vorausgesetzt und auch immer wieder beschworen (Lück, Kirchengemeinde, S. 28f). Aus diesem Grund kommt dem partnerschaftlichen Miteinander ein so großes Gewicht zu.

Besonders die Kirche in der Person der Pfarrer (als kirchliche Obrigkeit) soll integrativ (die Gegensätze vereinend) wirken, was man von den kommunalen Behörden mit der unterschiedlichen parteilichen Bindung ihrer Mitglieder nicht in dem Maß erwartet.

Aus dem Gedanken der Partnerschaft folgen auch keine Vorbehalte gegenüber häufigem Gottesdienstbesuch.

Soziales Normalverhalten ist allerdings der Besuch des Gottesdienstes auch nicht; er beruht noch stärker auf privaten und erbaulichen Bedürfnissen. Bei besonderen Anlässen findet sich jedoch die städtische Elite im Gottesdienst ein.

1.3. Kirchengemeinde in der Großstadt

Normalerweise sind die Kirchengemeinden in der Großstadt kein einheitliches Gebilde. Innerhalb einer Kirchengemeinde, deren Grenzen früher mit alten Stadtteilen identisch waren, wurden zum Teil Hochhäuser gebaut oder alte Wohngebiete fielen der Verkehrsführung zum Opfer. Während in den letzten Jahren immer mehr ausländische Arbeitnehmer (mit einer anderen Religion) in die Städte zogen, verringerte sich die Zahl deutscher Bürger und damit auch die der evangelischen Gemeindeglieder. Man spricht heute von Stadtflucht. Oft bleiben auch die Alten zurück; die Wohnung der Jüngeren liegt am Stadtrand, in den Vorortsiedlungen oder auf dem Land.

Eine Kirchengemeinde umfaßt durchschnittlich etwa fünf bis achttausend Gemeindeglieder mit mehreren Pfarrern. Aufgrund der Anonymität in der Großstadt ist die Gruppenbildung innerhalb einer Kirchengemeinde ziemlich groß.

Die Vereine haben kaum öffentlichen Einfluß und tragen privaten Charakter.

Die Gruppen und Kreise entsprechen grundlegenden Bedürfnissen der Gemeindeglieder nach Kontakten und Gemeinschaft. Neben den Pfarrern finden sich daher in der Regel auch eine Reihe von ehrenamtlichen Mitarbeitern, die bereit sind, eine Gruppe ins Leben zu rufen oder für eine Gruppe die Verantwortung zu übernehmen. Allerdings entwickeln diese Gruppen oft ein starkes Innen- und Eigenleben und neuen Gemeindegliedern wird der Zugang erschwert. Man kann darin so etwas wie einen Ersatz der engen Beziehungen in der alten Großfamilie sehen.

Die bunte Zusammensetzung der Bevölkerung führt auch häufig zu einem beachtlichen karitativen Engagement von seiten der Kirchengemeinde. Man widmet sich ausländischen Arbeitnehmern, Obdachlosen, Drogenabhängigen, Arbeitslosen.

Der öffentliche Gottesdienst hat hierbei den Stellenwert eines Bindegliedes in der Vielfalt des Gemeindelebens. In ihm kommen mehr oder weniger die Mitglieder verschiedener Gruppen zusammen. Nur unter diesem Gesichtspunkt kann der Gottesdienst als Mittelpunkt der Kirchengemeinde verstanden werden. Er selbst bildet keine Gemeinschaft (siehe Dahm, Pfarrer, S. 218ff). Der Gottesdienst ist das äußerliche Zeichen der Einheit einer Kirchengemeinde.

Insgesamt stellt sich die Kirchengemeinde in der Großstadt dar als eine Institution mit einem mehr oder minder reich gefächerten Dienstleistungsangebot. Etwa 1 % bis 3 % besuchen den Gottesdienst am Sonntag. Eine etwas größere Anzahl beteiligt sich in den kirchlichen Gruppen. Die übrige Masse der Gemeindeglieder hat entweder gar keine Bindung zur Kirche, bzw. empfängt von Zeit zu Zeit Hilfen in den Übergangs-, Krisen- und Grenzsituationen des Lebens (Dahm, Pfarrer, S. 306).

Daß überhaupt „städtisches Milieu eine größere Distanz zur Kirche bewirkt, ist schon fast ein Gemeinplatz" (Hild, stabil, S. 11).

Ein wesentlicher Widerstand bei den Gemeindegliedern ohne kirchliche Bindung, den Austritt aus der Kirche zu vollziehen, ist das unbewußte Empfinden: Solange man noch zur Kirche gehört, ist auch das eigene Leben insgesamt noch intakt (vgl. Stoodt/Weber, Christentum, S. 308).

1.4. Kirchengemeinde am Stadtrand einer Großstadt mit altem Ortskern

Folgende Schilderung eines Kirchenvorstehers kann für viele Kirchengemeinden dieser Art gelten: „Da ist der Ortskern mit alteingesessenen Bürgern und in der Hauptsache einstöckigen Häusern. Drumherum Hochhäuser, die teilweise auch in den alten Ortsbereich hineingebaut wurden. Die Kommunikation (Beziehungen und Kontakte) zwischen beiden Teilen ist natürlich nicht vorhanden. Und in den Hochhäusern wohnen verschiedene soziale Schichten, angefangen von jungen Familien bis hin zu Ausländerfamilien mit vielen Kindern.

Außerdem haben wir noch eine vom Ortskern getrennte Neubausiedlung mit überwiegend kleineren Häusern." Die persönliche Schlußfolgerung des Kirchenvorstehers: „Also ein sehr schwieriges Gebilde als Ort, als Gemeinde."

Die Strukturveränderungen reißen eine früher überschaubare Kirchengemeinde in mehrere Teile und fördern die Beziehungslosigkeit der Gemeindeglieder untereinander. Während die alteingesessenen, im Ortskern lebenden Gemeindeglieder ein Verständnis von Kirche haben, das dem auf dem Land gleicht, wandelt sich das Bild von der Kirche durch die kirchlich Interessierten unter den Zugezogenen. Häufig gehen von diesen Gemeindegliedern Anregungen aus, die zu Veränderungen des überkommenen kirchlichen Lebens führen: Im Ablauf des Gottesdienstes werden zum Beispiel Neuerungen ausprobiert, kirchliche Gruppen machen von sich reden. soziale Probleme werden angepackt. Das stößt mitunter bei den alteingesessenen Bürgern auf Unverständnis und Widerspruch und läßt somit insgesamt eine solche Kirchengemeinde als eine im Umbruch erscheinen.

In Kleinstädten und größeren Orten auf dem Land kann man ähnliche Entwicklungen beobachten. Das kirchliche Leben kommt schließlich dem in der Großstadt nahe.

1.5. Neue Kirchengemeinde am Stadtrand

An den Rändern von Städten entstanden in den letzten Jahrzehnten Neubausiedlungen, die sich in vielem ähneln. Die Bewohner kommen zum Teil aus Sanierungsgebieten der Innenstadt, zum Teil vom Land wegen der Nähe zum Arbeitsplatz. Es überwiegen in der Regel junge Familien mit Kindern. Reihen- und Hochhäuser kennzeichnen das Stadtbild. Zwischen den Gebäuden besteht oft wenig Raum; es ist zu wenig Grün vorhanden, aber um so mehr Beton. Folgende Stichworte umschreiben die Situation in solch einem Siedlungsgebiet: Modern, neu, kalt, anonym, Platzangst, fehlende Gemütlichkeit; und die Bewohner werden geschildert als gestreßt, hektisch, kontaktarm, finanziell überlastet; eine Lebenssituation ohne Tradition, keinem inneren Zusammenhalt und hoher Fluktuation (häufiger Wechsel der Bewohner).

Die neu geschaffenen Kirchengemeinden in diesen Siedlungen haben es immer mit vergleichbaren Problemen zu tun. Die Jugendlichen unter der Bevölkerung sind hierbei oft am schlimmsten betroffen; zum einen fällt der hohe Anteil der Ausländerjugend (mit den meisten Arbeitslosen) auf, zum anderen gibt es wenig Freizeitangebote für die Jugend. Drogenkonsum, Alkoholismus, Kriminalität sind überdurchschnittlich. Kommunale Behörden und Kirche versuchen Abhilfe zu schaffen mit dem Ziel, Gemeinschaft in vielfältiger Form zu ermöglichen und Orientierungshilfen zu vermitteln.

Die Kirche speziell möchte so etwas wie ein Gemeindebewußtsein wecken. Es mangelt jedoch häufig an qualifizierten Mitarbeitern und an ausreichenden finanziellen Mitteln.

Dem Gottesdienst kommt nicht der Stellenwert zu wie in anderen Kirchengemeinden. Er tritt durch die mannigfachen sozial-karitativen Tätigkeiten in den Hintergrund. Infolgedessen ist es manchmal nicht einfach, die Christlichkeit der Arbeit eindeutig zu bestimmen.

Bei den Pfarrern und ihren Mitarbeitern tauchen immer wieder resignative Tendenzen auf, wenn sie feststellen müssen, daß aufs ganze gesehen ihre Wirkung doch sehr bescheiden bleibt und Veränderungen nur sporadisch zu beobachten sind.

Aufgrund mangelnder Leistungen kommunaler Behörden nimmt die Kirche manchmal nur eine notdürftige Lückenbüßerfunktion ein.

1.6. Kirchengemeinde pietistischer Prägung

Derartige Kirchengemeinden verdanken sich dem Nachwirken von Erweckungsbewegungen, die im 18. und 19. Jahrhundert – vom Pietismus ausgehend – die kirchliche Landschaft beeinflußten und hauptsächlich in ländlichen Gegenden anzutreffen sind (siehe Beyreuther, RGG II, Art. Erweckungsbewegung).

Auffallend bei diesen Kirchengemeinden sind zunächst einmal die mannigfachen kirchlichen Aktivitäten. Es existieren in der Regel mehrere Chöre und Kreise, die sehr bibelbezogen arbeiten.

Die Orientierung an der Bibel bildet die Norm aller kirchlichen Tätigkeiten. Pfarrer und auch andere Kirchengemeinden werden nach dieser Norm kontrolliert und beurteilt.

Eine intensive Gebetspraxis begleitet diese Bibelzentriertheit, wobei öffentliche Gebetsgemeinschaften einen hohen Stellenwert einnehmen.

Viele ehrenamtliche Mitarbeiter stehen zur Verfügung, die einen großen Teil ihrer Freizeit unentgeltlich dem kirchlichen Engagement opfern.

Der Gottesdienst ist das Zentrum des kirchlichen und geistlichen Lebens. Er wird nicht nur überdurchschnittlich gut besucht (etwa 300 bis 400 Besucher bei einer Gemeindegröße von 2000 Mitgliedern ist die Regel), sondern dient auch als Begegnungs- und Versammlungsstätte. Im Gegensatz zu der Kirchengemeinde auf dem Land gehört es hier zur Sitte, den Gottesdienst regelmäßig zu besuchen. Es fällt auf, wenn jemand gar nicht geht oder häufig fehlt.

Vom Pfarrer erwartet man vorbildhaftes Verhalten, vor allem in der geistlichen Führung.

Mit unterschwelligem Stolz schildern Gemeindeglieder die Situation in ihrer Gemeinde, und vor den vielfältigen Aktivitäten, dem regen Gottesdienstbesuch und dem hohen Spendenaufkommen können Mitglieder anderer Kirchengemeinden erblassen.

Es fällt jedoch auf, wie bewußt Probleme und Konflikte unter dem Zwang, eine rechtgläubige, harmonische und brüderliche Gemeinschaft zu sein, verschleiert werden. Es entsteht der Eindruck einer trügerischen Idylle, die andere Glaubensausrichtungen erstickt.

2. Die christlich-kirchlichen Erfahrungen und Prägungen

Nach der kurzen Darstellung der Kirchengemeindetypen kommen nun die christlich-kirchlichen Erfahrungen und Prägungen während der Kinder-, Jugendzeit und des frühen Erwachsenenalters zur Sprache. In allen Kirchengemeinden treffen wir hierbei auf drei Grundmuster:

– Christlich-kirchliche Bindung als Selbstverständlichkeit;

– funktionale christlich-kirchliche Bindung;

– evangelikale christlich-kirchliche Bindung.

2.1. Christlich-kirchliche Bindung als Selbstverständlichkeit

Besonders in den Kirchengemeinden auf dem Land, in der Kleinstadt und in der Kirchengemeinde am Stadtrand mit alten Ortskern finden wir diese Bindung.

Die Zugehörigkeit zur Kirche und die gelegentliche Teilnahme an den kirchlichen Veranstaltungen sind bei diesen Kirchenmitgliedern so selbstverständlich wie Deutscher oder Bürger der Bundesrepublik zu sein, was auf die unauflösliche Verwobenheit von Christentum und Kultur hinweist.

Im *Elternhaus* finden keine Diskussionen über die Zugehörigkeit zur Kirche statt. Das heißt zugleich, diese Selbstverständlichkeit hat auch zur Sprachlosigkeit geführt. Die Eltern besuchen gar nicht oder nur gelegentlich den Gottesdienst und besonders an den für die Familie bedeutenden Tagen (Weihnachten, Totensonntag) und nehmen die den Lebenslauf begleitenden Amtshandlungen des Pfarrers in Anspruch.

Im familiären Rahmen beschränkt sich die christliche Praxis auf das Beten mit den Kindern, seltener dem Tischgebet und kaum der Bibellese. Gespräche über religiöse Themen gibt es so gut wie nicht. Die christliche Erziehung der Kinder überläßt man der Kirche im Gottesdienst, Religions- und Konfirmandenunterricht (siehe Kaufmann, Kirche, S. 133f; Lohse, Kontakte, S. 120).

In der alten Großfamilie hatte der Austausch über religiöse Fragen früher seinen Platz. Damals war die Lebenswirklichkeit der Bevölkerung eng mit der Natur und dem bäuerlichen Jahresrhythmus verbunden. Im Bewußtsein der Bürger bildete die Wirklichkeit ein einheitlich geordnetes, hierarchisch gegliedertes Ganzes, das sich für den einzelnen überschaubar darstellte. Es herrschte weithin eine fraglose Übereinstimmung über die geltenden Normen und sittlichen Maßstäbe und demzufolge auch über die Inhalte des christlichen Glaubens. Die christliche Erziehung der Kinder verstand sich als ein Hineinführen in diese Wirklichkeit im Rahmen der Großfamilie.

Aufgrund der Industrialisierung differenzierten sich die Lebensbereiche innerhalb der zerfallenden Großfamilie aus. In das überkommene einheitliche Wirklichkeitsverständnis mischten sich eine Fülle neuer (und wissenschaftlicher) Gesichtspunkte und Erfahrungen, die auch die selbstverständliche Glaubensüberzeugung nicht unberührt ließen. Die Eltern wurden immer unsicherer, welche religiösen Inhalte den Kindern vermittelt werden sollten; sie selbst wagten immer weniger, von den eigenen Glaubensüberzeugungen zu sprechen. So überließ man der Kirche (dem Pfarrer als Fachmann) die religiöse Erziehung der Kinder (zur Sprachlosigkeit des Glaubens siehe weiter K. 3.1.).

Auf die Teilnahme der Kinder an den kirchlichen Veranstaltungen achten heute besonders die Mütter und Großmütter; die kirchliche Bindung des Vaters trägt mehr distanzierten Charakter. Es sind ja auch überwiegend Frauen, die an den kirchlichen Veranstaltungen teilnehmen. Das ist zum Teil ebenfalls auf die historische Entwicklung zurückzuführen.

In der vorindustriellen Gesellschaft fühlte man sich unmittelbar von der Natur (Sonne, Regen) in seiner Existenz und damit auch von Gottes Güte abhängig. Nur im Zusammenhang mit dem Walten Gottes wertete man die eigenen Leistungen. Seit der geistigen Bewegung der Aufklärung und der darauf folgenden Industrialisierung löste sich dieser Zusammenhang auf. Man fühlte sich immer unabhängiger von der Natur, und das eigene Selbstbewußtsein stieg. In diesem Prozeß emanzipierten sich vor allem die Männer von der Abhängigkeit zu Gott; der Lebensraum der Frauen blieb zunächst auf Kinder, Küche und Kirche beschränkt. Auf die heutige Situation übertragen bedeutet das: In den Zeiten der Vollbeschäftigung und des Wohlstandes bleibt die kirchliche Bindung der Männer distanzierter. In Krisenzeiten könnte sich das wieder wandeln. Nach dem Zweiten Weltkrieg war zum Beispiel der Anteil der Männer in den Gottesdiensten wesentlich höher als heute.

Das Elternhaus insgesamt ist jedenfalls für die christlich-kirchliche Bindung von entscheidender Bedeutung, sowohl in einem gleichgültig-distanzierten Verhalten der Kirche gegenüber wie in einem positiv-engagierten (siehe Hild, stabil, S. 151; Vaskovics, Religion und Familie, S. 337ff; Köster, Kirchentreuen, S. 56). Diese Erfahrung kann man jederzeit an den Kindern im Konfirmandenunterricht nahezu lückenlos bestätigen.

Wenn Eltern die Kindertaufe mit dem Hinweis ablehnen, ihr Kind solle sich einmal später selbst entscheiden, vergessen sie, daß sie mit ihrem eigenen Verhalten die spätere Entscheidung des Kindes bereits vorwegnehmen. Eine freie und unabhängige Entscheidung des Kindes ist Illusion. Vermutlich wollen sich viele Eltern damit auch vor der Verantwortung der religiösen Erziehung der Kinder drücken. Sie meinen, zur christlichen Erziehung gehöre die Vermittlung biblischer Geschichten und eine christliche Praxis wie Gebet und Bibellese. Da sie selbst dazu kein Verhältnis haben und auch der Taufe kein Eigengewicht beimessen, plädieren sie für eine eigene Entscheidung der Kinder. Viel wichtiger für eine christliche Erziehung sind hingegen eine gute Atmosphäre innerhalb der Familie, Wärme und Geborgenheit, verbunden mit genügendem Freiraum zur Entfaltung eigener Fähigkeiten im Denken und Handeln.

Die Eltern als Vorbilder in jeder Beziehung prägen ihre Kinder.

Eine selbstverständliche christlich-kirchliche Bindung beruht jedenfalls auf einem entsprechenden Verhalten im Elternhaus.

Diese Selbstverständlichkeit kann sich durch positive Erfahrungen mit der Kirche später dahingehend verstärken, sogar aktiv in der Kirchengemeinde mitzuarbeiten.

Negative Erfahrungen mit der Kirche führen zu größerer Distanz und mitunter zum Kirchenaustritt. Eine einzige Ohrfeige vom Pfarrer in der Kinderzeit kann zeitlebens die Bindung zur Kirche beeinträchtigen. Umgekehrt festigen persönlich gute Kontakte zum Pfarrer oder Religionslehrer die christlich-kirchliche Bindung. Das Verhältnis zur

Kirche ist in erster Linie „personal vermittelt und verbürgt" (Hild, stabil, S. 277).

Von der selbstverständlichen christlich-kirchlichen Bindung her gilt der *Konfirmandenunterricht* als Pflicht, ähnlich der Schulpflicht.

Den Konfirmandenunterricht besuchen manchmal Kinder, die der Pfarrer und die kirchlichen Mitarbeiter bisher noch nie gesehen hatten und die auch nach der Konfirmation an keinen kirchlichen Veranstaltungen mehr teilnehmen. Das weist auf einen grundlegenden Unterschied im Verständnis von Kirche hin. Rendtorff (soziale Struktur) hat 1958 bereits unterschieden zwischen i n s t i t u t i o n e l l e n und g e m e i n s c h a f t l i c h e n Lebensformen der Kirche. Zu den institutionellen Lebensformen gehören Gottesdienst, Amtshandlungen und der Konfirmandenunterricht. Diese Lebensformen (vor allem die Amtshandlungen) garantieren die Existenz der Kirche als Volkskirche.

Die Kreise und Gruppen in der Kirchengemeinde, Jungschar, Jugendarbeit und auch Kindergottesdienst gehören zu den gemeinschaftlichen Lebensformen der Kirche. Normalerweise haben die gemeinschaftlichen Lebensformen das Ziel, die Bindung der Kirche bewußter und fester werden zu lassen; und die meisten der kirchlichen Mitarbeiter sind über solche gemeinschaftlichen Lebensformen zum Engagement in der Kirche gekommen (Lück, Pastorenkirche, WPKG 1977, S. 286ff). Je nach Attraktivität des Programms schwankt die Teilnehmerzahl der gemeinschaftlichen Lebensformen, während eben beim Konfirmandenunterricht der Pflichtgedanke vorherrscht.

Der Konfirmandenunterricht ist also *die* Gelegenheit der Kirche, christlich-kirchliche Bindung zu festigen, sollte aber aufgrund der elterlichen Vorprägung in seiner Bedeutung nicht überschätzt werden.

Im Konfirmandenunterricht wirken nun weniger nachhaltig die behandelten Themen als die Gemeinschaftserlebnisse. Erwachsene können sich kaum noch daran erinnern, *was* im Konfirmandenunterricht behandelt wurde, sie wissen aber noch Einzelheiten von Freizeiten, Ausflügen und Streichen.

Hinzu kommt der persönliche Eindruck der Kinder von dem den Konfirmandenunterricht erteilenden Pfarrer. Ein Vertrauensverhältnis zum Pfarrer, ohne die Erfahrung von Druck und Angst, fördert eine positive Wertschätzung der Kirche. Der Pfarrer hat die Chance, losgelöst von der „Zwangsanstalt" Schule (Fürstenau), die Kinder ein Stück weit in der Übergangszeit vom Kind- zum Erwachsensein zu begleiten und ihnen Hilfestellungen in ihrer sogenannten 'Ablösephase' vom Elternhaus anzubieten. Hierbei können auch andere kirchliche Mitarbeiter mit einbezogen werden.

Bei dem zu behandelnden Stoff muß man auf jeden Fall den Verständnishorizont der Kinder berücksichtigen und auf ihre zweifelnden und kritischen Fragen eingehen (siehe Feige, Erfahrungen, S. 16). Gepaukter und nicht verstandener Stoff führt zur Konservierung kindlicher Glaubensvorstellungen und später oft zur Distanz der Kirche gegenüber.

Früher war es selbstverständlich, im Konfirmandenunterricht eine Reihe von Texten und Liedern auswendigzulernen. Ältere Gemeindemitglieder erinnern sich zwar nicht gerne daran, aber „man hat es einfach gemacht, weil es dazugehört hat", wie sich jemand bezeichnenderweise ausdrückte. Bei vielen ist dieses angelernte Wissen wieder verlorengegangen. Etliche Gemeindeglieder rezitieren aber auch mit Stolz noch Lieder, Bibeltexte und Sprüche. Mitunter haben sie dieses Wissen als „Sturmgepäck" in Krisensituationen ihres Lebens anwenden können, als eine verfügbare Trost- und Beruhigungsmöglichkeit. Nur tritt solches Wissen oft an die Stelle eines verstehenden Glaubens und trägt tendentiell naiven Charakter.

Gegen ein gewisses Maß an auswendigzulernenden Inhalten soll nichts gesagt werden, wenn der Konfirmandenunterricht insgesamt den Kindern Freude bereitet und in ihrem Lebenshorizont eingebettet ist.

Herrschen im Konfirmandenunterricht aber Langeweile, Unverständnis, Angst und Zwänge, verfestigt sich ein negatives Bild von der Kirche. Später aus der Kirche Ausgetretene haben als eine wesentliche Begründung für diesen Schritt Strenge und Unglaubwürdigkeit in der Kirche genannt (Feige, Kirchenaustritte, S. 151, 163, 228f). Dieses Urteil beruht in den wenigsten Fällen auf gegenwärtigen Erfahrungen, sondern hat seine Ursachen in den früheren Begegnungen mit der Kirche und vor allem im Konfirmandenunterricht.

Um es noch einmal zu wiederholen: Der Konfirmandenunterricht sollte prinzipiell den Kindern Freude bereiten (siehe Stenzel, Arbeitsformen, S. 121ff).

Freude bereitet es den Kindern jedenfalls nicht, jeden Sonntag den Gottesdienst besuchen zu müssen, besonders dann, wenn die Eltern selbst nicht gehen. Üblicherweise begründen die Eltern den Gottesdienstbesuch ihres Kindes: „Du mußt gehen, weil Du Konfirmand bist." Ihren eigenen Besuch halten sie nicht für erforderlich, da sie einerseits — wie oben erwähnt — der Kirche die christliche Erziehung der Kinder überlassen und es außerhalb ihres Bewußtseins ist, eine Vorbildrolle auch im Gottesdienstbesuch einzunehmen; andererseits gilt ihre eigene christliche Erziehung mit der Konfirmation als abgeschlossen.

In diesem Zusammenhang muß auch die Vorstellung (früher Prüfung) der Konfirmanden genannt werden. Die Vorstellung hat nach wie vor den Rang der christlich-kirchlichen Reifeprüfung; der Prüfungscharakter ist ja hier und da auch noch vorhanden. Von daher ist es ganz natürlich, wenn die Jugendlichen sich nach der Konfirmation von dem Gottesdienst verabschieden. Die christlich-kirchliche Erziehung ist beendet. So begründeten Eltern die Abmeldung ihres Sohnes vom Religionsunterricht im neunten Schuljahr mit dem Satz: „Wir melden unseren Sohn vom Religionsunterricht ab, da er bereits konfirmiert ist." (Siehe auch Rendtorff, soziale Struktur, S. 82; Kehrer, Industriearbeiter, S. 149; Matthes, Amtshandlungen, S. 91f).

Es entspricht also der selbstverständlichen Bindung an die Kirche, daß der Konfirmandenunterricht mit allen angenehmen (Spiele, Filme, Freizeiten) und unangenehmen (Auswendiglernen, regelmäßiger Gottesdienstbesuch) Inhalten durchlaufen wird. War der Konfirmandenunterricht gekennzeichnet durch eine gute Gemeinschaft untereinander, Vertrauen und Freude, bedauern die Kinder oft seinen Abschluß; im anderen Fall nehmen sie ihn als notwendiges Übel auf Zeit in Kauf, das man über sich ergehen lassen muß, winken doch schließlich am Ende reichhaltige Geschenke zur Konfirmation.

Folgendes Urteil über den Konfirmandenunterricht vor zehn Jahren stimmt auch heute: „Das Ziel des Unterrichts, die uneingeschränkte, verstehende und persönlich übernommene Zugehörigkeit zur Kirche wird nur sehr bedingt erreicht." (Hild, stabil, S. 154).

Die Chancen für eine bewußte und verstehende Zugehörigkeit zur Kirche sind beim *Religionsunterricht* größer als beim Konfirmandenunterricht. Der Religionsunterricht wirkt prägender (Reimuth, Religionsunterricht, S. 251). Das ist zum einen auf die längere Dauer des Religionsunterrichtes zurückzuführen, zum anderen auf die gewandelte Thematik. Während früher die Arbeit mit der Bibel (Kinderbibel) im Mittelpunkt des Religionsunterrichtes stand und damit oft an die Kinder wirklichkeitsferne und nicht altersgemäße Inhalte herangetragen wurden, versteht sich gegenwärtiger Religionsunterricht mehr als helfende Begleitung in der Entwicklung des Kindes, orientiert an seinen Erfahrungen, Fragen und Problemen.

Es gibt auch Lehrpläne für den Religionsunterricht, aber viele Religionslehrer fassen diese dankenswerterweise nicht als verpflichtend auf und gehen auf spontane Fragen und Themen der Kinder ein. Dadurch hebt sich der Religionsunterricht von den übrigen Fächern ab, in denen die Leistung und der zu bewältigende Lehrstoff im Mittelpunkt stehen. Der Religionsunterricht wirkt damit entlastend und stellt ein notwendiges Korrektiv im Zwangssystem Schule dar.

Nach den Rahmenrichtlinien sollen die Kinder in der Schule auch soziale Verhaltensweisen lernen (selbständiges Denken und Handeln und gemeinschaftsfördernde Verhaltensweisen). Wie diese Vorstellungen mit den lehrplanmäßigen Anforderungen in den anderen Fächern zu vereinbaren ist, bleibt völlig offen. Der Eindruck von widersprüchlichen Aussagen drängt sich auf. Soziales Verhalten lernen zwar die Schüler, aber solches, das sich meistens in Erfahrung von Druck und Zwang und in der Förderung egoistischen Strebens verwirklicht.

Der Religionsunterricht hingegen bietet die Möglichkeit, gezielt auf die Beziehung der Schüler untereinander, zu den Lehrern und Eltern u.s.w. einzugehen. Erfahrungsgemäß findet ein derartiger Unterricht die volle Zustimmung der Schüler. Allerdings werden hohe Anforderungen an die Person des Religionslehrers oder Pfarrers gestellt. Der Unterrichtende muß sich selbst allen kritischen Anfragen der Schüler stellen können, ohne sie mit eigenen Überzeugungen oder autoritärem Gebaren zu ersticken.

Prinzipiell gilt für den Religionsunterricht dasselbe wie für den Konfirmandenunterricht: Er muß Freude machen.

Besonders der Religionsunterricht an Gymnasien kann „eine vielleicht entscheidende Anregung zur aufgeschlossenen Beschäftigung mit dem Christentum und seiner Kirche" sein (Feige, Erfahrungen, S. 24) und „eine Nähe zu konkreten, alltäglichen Problemfragen einer befriedigenden Lebensführung" erbringen (Feige, Erfahrungen, S. 27).

Auf jeden Fall kommt dem Religionsunterricht unter den genannten Gesichtspunkten ein hoher Stellenwert zu (vgl. Feige, Erfahrungen, S. 25).

„Der RU (Religionsunterricht) ist besser als sein Ruf." (Reimuth, Religionsunterricht, S. 268).

Die *Jugendarbeit* gehört zu den gemeinschaftlichen Lebensformen der Kirche. Auch hier gilt, daß Gemeinschaftserlebnisse den tiefsten Eindruck hinterlassen (Feige, Erfahrungen, S. 56). Bindende Kräfte sind die Erlebnisse innerhalb der Gruppe und die Freundschaften zwischen Jungen und Mädchen. Die Jugendlichen lösen sich vom Elternhaus ab und erfahren Geborgenheit und Vertrauen durch die Gruppe. Sie experimentieren mit den Normen und Maßstäben der Erwachsenen und setzen sich auch kritisch mit Traditionen auseinander. Demzufolge ist die häufige Klage über den mangelnden Gottesdienstbesuch der Jugendlichen unberechtigt. Ihre christliche Reifeprüfung haben sie ja absolviert, außerdem kommt der Gottesdienst in seiner althergebrachten Form ihren Bedürfnissen nicht entgegen (Feige, Erfahrungen, S. 9). Der Gottesdienst kann nicht mit anderen Freizeitangeboten konkurrieren (Disco, Kino oder Fernsehen); es fehlt darin auch die Möglichkeit, Gemeinschaft aktiv zu erleben.

Die elterlichen Gewohnheiten dürfen hierbei auch nicht vergessen werden. Wenn die Eltern häufig den Gottesdienst besuchen, stehen die Jugendlichen vielfach auch dem Gottesdienst positiver gegenüber.

Die vielen Freizeitangebote heute vergrößern die Schwierigkeit, eine Gruppe überhaupt auf Dauer zusammenzuhalten. Hinzu kommen Lustlosigkeit und Desinteresse gegenüber vielen Dingen. Ein Programm, von der Kirche inszeniert, kann auf die Dauer nicht immer attraktiv sein und gegenüber anderen Angeboten bestehen. Zum Scheitern verurteilt ist in der Regel alles, was den Freiheitsspielraum der Jugendlichen zu sehr einengt. Infolgedessen beschränkt sich kirchliche Jugendarbeit in vielen Fällen auf die Bereitstellung von Räumen und sich darin zwanglos ergebenden Gesprächen, manchmal auch Aktionen.

Zeitlich begrenzte Projekte, bei denen sich auch greifbare Erfolge zeigen (Umweltengagement, Dritte Welt-Aktion, Film- oder Fotokreis) und selbstverantwortliches Handeln der Jugendlichen mit einbeziehen, laufen meistens gut.

Mit Interesse gehen die Jugendlichen auch daran, einen ihnen gehörenden Raum herzurichten und zu gestalten. Nach der Fertigstellung, die durch mehrfaches Umbauen und Umdekorieren sich erheblich hinauszögern kann (was deshalb zu fördern ist), tritt oft eine Phase des Leerlaufs ein.

Ein Problem ist auch die Übernahme der Verantwortung von seiten einiger Jugendlicher. Sie haben um ihre Autorität zu kämpfen; schließlich muß ein kirchlicher Mitarbeiter doch als „Leithammel" auftreten.

Auf dem Land und in der Kleinstadt befindet sich die kirchliche Jugendarbeit auch in Konkurrenz mit den Vereinen. Sportvereine haben in der Regel eine höhere Anziehungskraft, da hier in besonderer Weise eigenes Können und Erfolg eine Rolle spielen.

Wenn auch viele Jugendliche zu keiner kirchlichen Gruppe gehören und auch den Gottesdienst nicht besuchen; ihrer selbstverständlichen Bindung zur Kirche und auch ihrer eventuellen guten persönlichen Beziehung zum Pfarrer tut dies kaum Abtrag. Einzelgespräche des Pfarrers mit Jugendlichen sind oft sinnvoller als eine mühsam aufrechterhaltene Gruppenarbeit.

Im *Erwachsenenalter* bedarf es oft nur eines geringen Anstoßes, um aus der Vielzahl der selbstverständlichen Mitglieder der Kirche aktive Mitarbeiter zu gewinnen. Ein Wohnortwechsel, Heirat, ein neuer Pfarrer, die Einladung, eine kirchliche Gruppe zu besuchen oder für den Kirchenvorstand zu kandidieren, kann von einer passiven Mitgliedschaft zu einer aktiven führen.

Es ist deshalb wirklichkeitsgemäß, von etwa 20 % möglichen Mitarbeitern unter den Kirchenmitgliedern zu sprechen (Hild, stabil, S. 56f). Kirche als selbstverständlicher Bestandteil der Gesellschaft läßt auch die Mitarbeit jederzeit denkbar erscheinen.

Umgekehrt können negative Erfahrungen oder völlige Beziehungslosigkeit die selbstverständliche Bindung zur Kirche in Frage stellen und in letzter Konsequenz den Kirchenaustritt nach sich ziehen. Doch dieser letzte Schritt wird weit weniger vollzogen als statistische Zahlen von Umfragen es nahelegen (siehe Hild, stabil und Feige, Erfahrungen). Zu tief sind Leben und Kirche miteinander verbunden und bilden einen unauflöslichen Bestandteil des eigenen Selbstverständnisses.

2.2. Funktionale christlich-kirchliche Bindung

Zunächst müssen wir uns klarmachen, was unter einer funktionalen christlich-kirchlichen Bindung zu verstehen ist. Gegenüber der selbstverständlichen Bindung stehen hier die Fragen im Mittelpunkt:

— Was tut die Kirche?

— Welche Aufgaben nimmt sie wahr?

— Welche Zwecke und Ziele verfolgt sie?

— Wie ist es mit ihrem Aufbau, ihrer Organisation bestellt?

— Was muß in der Kirche anders werden?

Die Antworten auf diese Fragen stehen nicht fest. Während von einer selbstverständlichen christlich-kirchlichen Bindung die Kirche also in *Ruhestellung* gesehen und dementsprechende Erwartungen geäußert werden, sieht man von der funktionalen Bindung her die Kirche in *Bewegung,* und — um es vorwegzunehmen — von der evangelikalen Bindung her die Kirche in *Abgrenzung.*

Funktionale Bindungen begegnen uns vorwiegend in den Kirchengemeinden der Großstadt und den neuen Kirchengemeinden am Stadtrand, also in den Kirchengemeinden ohne festgefügte Traditionen, mit hoher Anonymität und erheblicher Fluktuation (häufiger Wechsel der Mitglieder).

Mit dem Einfluß der Situation des Wohnortes und der Kirchengemeinden vermischen sich die Prägungen seitens des Elternhauses; Wohnsituation und Einstellung der Eltern bedingen sich wechselseitig.

Das erzieherische Verhalten der Eltern läßt sich insgesamt als problemorientiert bezeichnen. Die Eltern ermutigen ihre Kinder von klein auf, nichts als gegeben hinzunehmen und alles auf seinen Sinn, Wert und Zweck zu hinterfragen. Dabei kommen auch religiöse Themen zur Sprache, an die man rational und kritisch herangeht.

Demnach kann man die Einstellung der Eltern zur Kirche als kritische Verbundenheit bestimmen, die von engagierter Zustimmung bis zu gleichgültiger Toleranz oder ablehnender Distanz reicht. Die Eltern messen die Kirche an dem, wie sie ihnen begegnet, was sie leistet und wie sie sich in der Öffentlichkeit darstellt.

Auf die Inanspruchnahme der Amtshandlungen wirkt sich dies nicht wesentlich aus, ausgenommen der kirchlichen Trauung. Zum Rückgang der kirchlichen Trauung haben in erster Linie die Infragestellung der Ehe, der finanzielle Aufwand, die Auflösung des überkommenen Familienverbundes, das Leben in eheähnlichen Gemeinschaften geführt.

Wenn sich der Pfarrer und seine Mitarbeiter auf die Versorgung des Gemeindebereiches mit den traditionellen Aufgaben beschränken und auch die seelsorgerliche Arbeit vernachlässigen, kann eine vorhandene Distanz der Eltern schließlich zum Austritt aus der Kirche führen. So stellt Feige (Kirchenaustritte, S. 191) fest, daß der Austritt aus der Kirche „mehrheitlich Ergebnis eines langen, stillverlaufenden Prozesses zunehmender Nichtbeachtung der Kirche, zunehmender Kontaktlosigkeit zwischen Kirche und ihrem Mitglied ist, dessen Beginn bereits im Elternhaus lag, und der auch nicht durch den Konfirmandenunterricht (wenigstens) unterbrochen wurde."

Der Kontakt mit der Kirche – in welcher Art auch immer (Besuche, Angebote von Gemeinschaft, Seminare, Projektgruppen) – bildet demnach das entscheidende Bollwerk gegen die Distanzierung und Austrittsneigung.

Die Kirche muß daher in städtischen Gemeinden mehr tun als auf dem Land, wo allein bereits das Vorhandensein eines Pfarrers im Bewußtsein vieler Kirchenmitglieder ausreicht.

Weiterhin erwartet man vom Pfarrer und seinen Mitarbeitern eine qualifizierte Arbeit mit öffentlicher Resonanz besonders in den sozialen Dienstleistungen. Das führt mitunter zu Kontroversen, wenn das soziale Engagement der Kirche politisch bedeutsam wird. Zum Beispiel haben im Rhein-Main-Gebiet einerseits viele Kirchenmitglieder den Einsatz der Kirche bei der „Startbahn-West" begrüßt und unterstützt, andererseits sind auch deshalb die Austrittszahlen gestiegen (zum Verhältnis von Kirche und Politik siehe K. 5). Beteiligen und engagieren sich die Eltern in kirchlichen Gruppen und Kreisen, folgt häufig auch eine entsprechende kirchliche Bindung der Kinder.

Verhalten sich die Eltern distanziert, aber tolerant, kann die Kirche mittels Konfirmandenunterricht und Jugendarbeit sowohl auf die Kinder als auch durch begleitende Seminare auf die Eltern Einfluß nehmen. Nach jahrelanger Beziehungslosigkeit kommt es auf diese Weise oft wieder zu einer engeren Bindung der Eltern zur Kirche.

Führt man Konfirmandenunterricht und Elternarbeit unter Zuhilfenahme gruppenpädagogischer und entwicklungspsychologischer Kenntnisse und Methoden durch, korrigieren viele Kirchenmitglieder ihr vorurteilsgeladenes Bild von der Kirche. Für Kinder und Eltern erscheint dann Kirche nicht mehr unter den verbreiteten Klischees wie 'altmodisch', 'weltfremd', 'irrational', sondern sie erfahren, daß Kirche lebensnahe, problemorientierte Arbeit leistet und darüber hinaus Raum für Geborgenheit bietet (in den vielfältigen Gemeinschaftsangeboten). Für eine derartige qualifizierte Arbeit benötigt der Pfarrer Mitarbeiter, die selbständig Gruppen leiten können. ,,Gegenexperten" zum Pfarrer bereichern das Leben einer Kirchengemeinde (Lück, Pastorenkirche, WPKG, S. 284).

2.3. Evangelikale christlich-kirchliche Bindung

Dieses Prägungsmuster zeichnet sich zunächst dadurch aus, daß in der Familie eine umfangreiche christliche Praxis gepflegt wird: Regelmäßige Lektüre der Bibel, häufiges Beten, Hausandachten. Selbstverständlich besucht man regelmäßig auch den Gottesdienst.

Die Eltern schätzen besonders, wenn ihre Kinder frei beten; damit wird der Boden für die spätere Glaubensentscheidung vorbereitet. Im Zusammenhang mit dem Gebet bekommen die Kinder ein klar umrissenes Sündenbewußtsein vermittelt. Als Sünde gilt der Verstoß gegen den preußischen Tugendkatalog (Ordnung, Sauberkeit, Fleiß, Pünktlichkeit, Ehrlichkeit, Höflichkeit); Sünde sind auch viele 'weltlichen' Vergnügungen (Disco, Kino, Sexualität vor der Ehe).

Der auf diese Weise auf die Kinder ausgeübte Druck beeinträchtigt erheblich ihre Entwicklung zu selbständigem und kritischem Denken und Handeln.

Das gesamte christliche Selbstverständnis trägt *zwanghaften* Charakter (siehe Riemann, Angst, S. 105ff).

Intoleranz und Schwarz-Weiß-Malerei treten hierbei oft als Begleiterscheinungen auf. Die Wirklichkeit wird in Gut und Böse, in gottgewollt und sündhaft aufgeteilt, so daß der eigenverantwortliche Umgang mit Alltagsfragen- und Problemen kaum stattfinden kann.

Die Kinder sollen auch in der Schule nicht zu kritischem Denken erzogen werden, sondern in vorgegebenen Glaubens- und Verhaltensmustern aufwachsen: ,,Wenn nicht in der Schule gesagt wird, was gut und böse ist, dann kann das auf die Dauer nicht gut gehen."

Die Alltagswirklichkeit erscheint den Kindern sogar widersprüchlich: Auf der einen Seite begreifen sie die Gesetzmäßigkeiten des Naturgeschehens, auf der anderen Seite wird ihnen zugemutet, jederzeit könne durch Gottes Wirken diese Gesetzmäßigkeit aufgehoben werden. Im Kindergottesdienst, Religions- und Konfirmandenunterricht stellt man den Kindern die Wundergeschichten der Bibel als unumstößliche Beweise vor Augen.

Diese Widersprüchlichkeit, die später auch Inhalt des Erwachsenenglaubens ist, führt manchmal dazu, bei einer Krankheit auf den Arztbesuch zu verzichten und allein auf die Kraft des Gebetes zu vertrauen.

'Magisch' nennt man ein derartiges Verhältnis zur Wirklichkeit, das für Kleinkinder von etwa vier Jahren ein Durchgangsstadium ist. Jugendliche und Erwachsene mit diesem Glauben sind über das Kindheitsstadium nicht hinausgekommen.

Das zeigt sich auch im Verständnis des Gebetes als Wirkmittel, bzw. als Möglichkeit, durch Beten auf Gott Einfluß zu nehmen und einen Erfüllungsmechanismus auszulösen, der den eigenen Wünschen und Vorstellungen entspricht. Luther hat diese bereits in die Nähe des Zauberns gerückt, und Kant nennt ein derartiges Verständnis des Gebetes ,,Fetischmachen" (Beintger, RGG II, Art. Gebet, Sp. 1232).

Mitunter verlangt man bereits von den Kindern, eine Glaubensentscheidung zu treffen, das heißt, ihr Leben ,,ganz dem Herrn Jesus zu schenken". Solche und ähnliche Formulierungen bleiben verschwommen und unverständlich. Von Kindern vor und während der Pubertät derartige Entscheidungen zu fordern, zeugt von Unkenntnis der kindlichen Entwicklung und verstärkt nur die zwanghafte Orientierung, die ständig von Schuldgefühlen begleitet wird.

Der Konfirmanden- und Religionsunterricht soll ebenfalls diesem

Ziel der christlichen Erziehung dienen, die Kinder zu einer „Übergabe an Jesus" zu veranlassen. Neuere Religionsbücher lehnen die Eltern ab. Sie werfen ihnen mangelnde biblische Orientierung vor und wünschen die Bibel (Kinderbibel) als Unterrichtsbuch.

Zum Unterricht gehört, eine Fülle biblischen Stoffes auswendigzulernen. Obwohl dies bei den Kindern häufig keinen Anklang findet, wird diese Praxis später nach der „Bekehrung" verklärt: „Heute bin ich froh, daß ich das alles gelernt habe."

Die Glaubensentscheidung oder Bekehrung vollzieht sich in der Regel nach der Konfirmation, wenn die Jugendlichen sich abstrakt mit ihrem Selbstverständnis auseinandersetzen und nach Vor- und Leitbildern suchen.

Die Vorprägung im Elternhaus läßt jedoch grundsätzlich nur zwei Wege offen: Entweder der Jugendliche übernimmt bewußt das an ihn herangetragene evangelikale Selbstverständnis — das ist dann die Entscheidung (Bekehrung) zum Glauben — oder er lehnt alle ihm bisher nahegebrachten religiösen Inhalte ab. Doch auch bei anderen Wirklichkeitsauffassungen, die sich der Jugendliche dann zu eigen macht, scheint der zwanghafte Grundzug des evangelikalen Glaubensgerüstes durch. Zum Beispiel sind aus evangelikalen Familien schon häufig orthodoxe Marxisten hervorgegangen.

Die Glaubensentscheidung erfolgt zu einem bestimmten Zeitpunkt oder geht prozeßhaft vor sich. Sie kann mit einer Konversion (Wechsel von einer Religion in die andere) verglichen werden (siehe Schibilsky, Erfahrung, S. 26ff). Ereignisse des früheren Lebens werden jetzt in einem anderen Licht gesehen; eine Umdeutung des bisherigen Lebenslaufes findet statt. Kindliche und jugendliche Unbekümmertheit geraten nun unter den Blickwinkel der Sünde und eines verfehlten Lebens. Mysteriös bleibt wiederum, wie diese Entscheidung vor sich geht. Oft heißt es, man spüre jetzt den heiligen Geist. Häufig sind auch äußerliche Anlässe oder eine persönliche Krisensituation der Anstoß für den Vorsatz, „von nun an ein Leben mit Jesus" zu führen. Mystisch-schwärmerische Phantasien begleiten diesen Vorgang. Nicht von ungefähr spielt deshalb der Rahmen bei Evangelisationen (stimmungs- und gefühlsbeladene Musik u.s.w.) eine wesentliche Rolle. Die Redner bei Evangelisationen bemühen sich, mit allen Mitteln die Sündhaftigkeit und ewige Verlorenheit des Menschen zu illustrieren, der gegenüber es nur den Rettungsweg der Bekehrung gibt.

Hat man zum „rechten" Glauben gefunden, erfolgt in der Regel eine Abgrenzung von den 'ungläubigen' Christen. Man sucht für die Erhaltung und Festigung des neuen Selbstverständnisses gleichgesinnte Gruppen auf und vertieft sich in entsprechende Lektüre. Nur mit Hilfe dieser Begleitstützen bleibt das Glaubensgerüst stabil. Ansichten, die zu einer grundlegenden Verunsicherung führen könnten, werden bekämpft und abgewehrt.

Schlußfolgerung aus diesen drei aufgezeigten christlich-kirchlichen Bindungen:

Beim Lesen mag der eine oder andere bereits gespürt haben, in seinem Selbstverständnis und in seiner Familie ist nicht nur *ein* Prägungsmuster vorhanden, sondern die Grenzen dieser drei Grundmuster sind fließend. Man kann Anteile aller drei Grundmuster in sich vereinen, und je nach Situation können diese Anteile in unterschiedlicher Weise zum Tragen kommen.

In einer Tabelle sollen zusammengefaßt die drei Grundmuster christlich-kirchlicher Bindung noch einmal veranschaulicht werden:

	selbstverständlich	funktional	evangelikal
Eltern-haus	Kirche in *Ruhestellung;* unproblematische Zugehörigkeit zur Kirche verbunden mit Sprachlosigkeit; christliche Erziehung wird der Kirche überlassen; geringe christliche Gepflogenheiten; gelegentlicher Gottesdienstbesuch.	Kirche in *Bewegung;* Kirche wird nach ihrer Leistung beurteilt; kaum christliche Gepflogenheiten; Kinder werden problemorientiert erzogen.	Kirche in *Abgrenzung;* zwanghaftes Glaubensverständnis; widersprüchliche und magische Wirklichkeitsauffassung; regelmäßiger Besuch des Gottesdienstes.
Konfirmanden-unterricht	Pflicht wie Schule; Gemeinschaftserlebnisse besonders wichtig.	je nach Attraktivität und Effektivität weniger oder größere Nähe zur Kirche.	Hinführung zur Bekehrung; biblisch zentriert.
Religionsunterricht	Begleitung in den einzelnen Lebensabschnitten; Bearbeitung christlicher und kirchlicher Grundfragen.		Arbeit mit der Bibel; Ablehnung neuerer Religionsbücher; Religionsunterricht als Verkündung.

	selbstverständlich	funktional	evangelikal
Jugend-arbeit	Bedeutung der Gemein-schaftserlebnisse; Distanz der Jugend zum Gottes-dienst.	Inanspruchnahme der An-gebote von Gemeinschaft und Orientierung oder völ-lige Distanz zur Kirche.	biblisch orientierte Jugend-arbeit mit Bekehrungs-druck.
frühes Erwachse-nenalter	selbstverständliche Zuge-hörigkeit zur Kirche wie im Elternhaus.	Bandbreite von kirchli-chem Engagement bis zu gleichgültiger Toleranz oder ablehnender Distanz.	Bekehrungserlebnis; Besuch gleichgesinnter Gruppen und Vertiefung durch ent-sprechende Literatur.

3. Die Volksfrömmigkeit

Um die Frömmigkeit der Mitglieder der Volkskirche erfassen zu können, berücksichtigen wir verschiedene Gesichtspunkte. In Anlehnung an den Vorschlag von Glock (Glock, Dimensionen, S. 150–168) läßt sich die Frömmigkeit unter folgenden Leitfragen beschreiben:

— Was ist das Wichtigste in der persönlichen Glaubensüberzeugung?
— Was halten die Mitglieder von dogmatisch überlieferten Glaubensinhalten (Wunder und Auferstehung Jesu, Jungfrauengeburt u.s.w.)?
— Wie ist es mit dem Wissen um christliche und theologische Überlieferungen, Probleme und Fragestellungen bestellt?
— Welche christlichen Gepflogenheiten sind bei den Mitgliedern und in ihren Familien vorhanden?
— Welcher Art sind ihre christlich-religiösen Erfahrungen?

Die christlichen und religiösen Erfahrungen kann man nur schwer eindeutig erfassen; denn es ist umstritten, was als religiöse Erfahrung gelten soll. Das hängt von dem jeweiligen Verständnis von Religion ab.

Es gibt keinen allgemein anerkannten Religionsbegriff (siehe Matthes, Religion, S. 12ff).

Mit Glock soll unter Religion im weitesten Sinn „die Beschäftigung des Menschen mit der Frage nach Sinn und Zweck des Lebens" verstanden werden (Glock, Dimension, S. 158).

Neben dem Christentum als einer Religion, die auf diese Grundfrage Antworten gibt, könnte man auch Weltanschauungen wie den Marxismus als Religion bezeichnen.

Im Bereich der religiösen Erfahrung handelt es sich bei diesem Religionsverständnis dann sowohl um gefühlsmäßige Inhalte wie Vertrauen, Halt, Geborgenheit, Angst, Hoffnung, Liebe als auch um vernunftsbezogene oder sinnorientierte Gehalte wie Denken, Zweifeln, Kritik, Orientierung (zur religiösen Erfahrung siehe Schibilsky, Erfahrung, S. 18ff).

Die Frömmigkeit der Kirchenmitglieder beruht weniger auf dem

Einfluß der jeweiligen Kirchengemeinde als auf den christlich-kirchlichen Prägungen in der Kinder- und Jugendzeit.

Infolgedessen schildern wir zunächst die Frömmigkeit der selbstverständlichen christlich-kirchlichen Bindung, dann die Frömmigkeit der funktionalen und schließlich die der evangelikalen Bindung.

Auch zum folgenden gilt, daß sich die Grenzen der Unterscheidung vermischen und viele Leser sich selbst in allen drei Glaubensformen wiederfinden.

3.1. Die Frömmigkeit der traditionellen Christen (selbstverständliche christlich-kirchliche Bindung)

Diese Kirchenmitglieder haben in der Regel große Schwierigkeiten, sich über ihren Glauben zu äußern (vgl. Hild, stabil, S. 72; Hüppauf/Stoodt, Verständigung, S. 2; Köster, Kirchentreuen, S. 55).

Das geht mit ihrer selbstverständlichen christlich-kirchlichen Bindung einher. Über etwas Selbstverständliches braucht man nicht reden, nachdenken oder es in Frage stellen. In familiären Alltagssituationen kommt der Glaube deshalb kaum zur Sprache.

Weiterhin gilt, daß religiöse Überzeugungen heutzutage etwas sehr Privates, ja Intimes sind. Sowenig wie man in der Öffentlichkeit über das eigene Gehaltskonto spricht, unterhält man sich über den persönlichen Glauben (vgl. Köster, Kirchentreuen, S. 53).

Nicht nachdenken und nicht sprechen machen unfähig, die eigenen Glaubensüberzeugungen konkret benennen zu können.

Die Ursachen dieser „Sprachlosigkeit" (Hüppauf/Stoodt, Verständdigung, S. 2) lassen sich aus der historischen Entwicklung aufzeigen:

Mit der zunehmenden Industrialisierung fächerten sich die Lebensbereiche immer mehr aus. Die Familienmitglieder gehen unterschiedlichen Berufen nach, und so treffen die verschiedenen Wirklichkeitsbereiche aufeinander. Es muß erst ein gemeinsamer Verstehensrahmen durch viele gegenseitige Informationen geschaffen werden. Dieser Rahmen war in der Agrargesellschaft früher von vornherein gegeben. Außerdem bezogen sich die religiösen Überzeugungen unmittelbar auf die vom Naturablauf bestimmte Lebenswirklichkeit. Saat und Ernte regelten das Dasein, und der christliche Glaube lieferte dafür den Sinn und die Orientierung.

Zwar ist das Werden und Vergehen des Menschen eine bleibende Grundtatsache, aber bei der Vielzahl der heutigen Lebensbereiche wird ein einheitlicher religiöser Orientierungsrahmen immer schwieriger. Die Kirche fußt daher überwiegend auf den Übergangs- und Krisensituationen des persönlichen Lebens (in deren Begleitung durch die Amtshandlungen).

Die frühere Einheit von persönlichem Lebensschicksal, Arbeit und Naturablauf ist endgültig zerbrochen. Der einzelne sieht sich mit den speziellen Berufsanforderungen zunächst einmal auf sich allein gestellt. Selbst seinen Lebensbereich mit religiösen Inhalten zu verbinden, dieser Aufgabe kommt er nur ungenügend nach. Er lebt von überkommenen — in der damaligen Agrarstruktur verhafteten — religiösen Vorstellungen. Diese führen ein unterschwelliges Dasein und werden ohne kritische Prüfung von Generation zu Generation unter Anwendung minimaler religiöser Formeln übertragen. Soch eine Formel ist zum Beispiel das Kindergebet: 'Lieber Gott, mach mich fromm, daß ich in den Himmel komm'. Selbst Religions- und Konfirmandenunterricht ändern oft nichts daran, daß mit solchen Formeln ein Glaube an Gott und seine Vorstellung vom Himmel tief eingewurzelt sind.

Damit hängt zusammen, daß der einzelne in den letzten beiden Jahrhunderten ziemlich unberührt blieb von theologischen Erkenntnissen und kirchlichen Verlautbarungen. Die Inhalte der Volksfrömmigkeit führen seit langem ein Eigendasein (siehe Rendtorff, soziale Struktur, S. 9); sie sind weitgehend immun gegenüber Problematisierungen. Mitunter wehren sich die Kirchenmitglieder direkt gegen eine Verunsicherung ihrer Glaubensinhalte und „halten es so, wie sie es von klein auf gelernt haben".

Diese Gesichtspunkte wollen wir nun inhaltlich entfalten.

Nach einer Verlegenheitspause, die die Schwierigkeit signalisiert, zum Glauben etwas zu sagen, ist folgende Bemerkung beispielhaft auf die Frage, was das Wichtigste des persönlichen Glaubens sei: „Der Glaube an Gott . . . zwar nicht so, wie ich ihn mir vielleicht als Kind vorgestellt habe, aber an ein höheres Wesen . . .

Als Kind, das belegen die Zeichnungen von Kindern und Konfirmanden, stellt man sich Gott als männliche Person vor, die über der

Erde, auf den Wolken oder auf einem hohen Berg thront und die Geschicke der Menschen beeinflußt.

Von diesem Kinderglauben möchte man sich als Erwachsener distanzieren, da er als naiv gilt; aber im Grunde genommen wird diese Vorstellung nach wie vor bejaht. Es wird nicht deutlich, worin der Unterschied zwischen dem Glauben der Kinder an Gott und dem Erwachsenenglauben in dem Zitat besteht. Der Glaube an Gott als höheres Wesen beinhaltet über den Kinderglauben hinaus lediglich eine etwas vergeistigte Vorstellung, die aber verschwommen bleibt (siehe Harenberg, Glaube, S. 62ff).

Es ist schon erstaunlich, daß viele Erwachsene diesen Glauben teilen und ihn bewahrt haben, ohne von Religions- und Konfirmandenfunterricht beeinflußt worden zu sein. Diese Vorstellung Gottes kann aber auch die Folge eines Unterrichtes sein, in dem ohne Verständnis gelernt wurde.

Wir haben schon erwähnt, daß manche Kirchenmitglieder eine Problematisierung ihres Glaubens sogar ausdrücklich ablehnen: „Man soll nicht zuviel forschen, erforschen wollen . . . einen gewissen Teil muß man ja doch blind glauben." Die Vernunft könnte also den Glauben zerstören. Eine solche Einstellung entpuppt sich als voraufklärerisch (siehe Schelsky, Dauerrreflexion, S. 170f).

Der Glaube an Gott bedeutet aber nun weiterhin einerseits: Bejahen der Existenz eines höheren Wesens; die eigene Lebensführung bleibt davon unberührt; andererseits begreift man Gott als eine Macht, die die Natur und das menschliche Leben umgreift. Diese Macht Gott spielt aber in der alltäglichen Lebensführung kaum eine Rolle. Gerät der Mensch aber in Krisen, kommt Leben in diesen Glauben. Das Sprichwort: 'Not lehrt beten' veranschaulicht diesen Sachverhalt. Ist der Mensch mit seinen eigenen Fähigkeiten und Möglichkeiten am Ende oder sieht er sich hilflos bedrohlichen Situationen ausgeliefert (zum Beispiel bei Krankheiten oder im Krieg), wendet er sich an Gott als der letzten Zuflucts- und Hilfsmöglichkeit.

Die Gesunden und Starken brauchen Gott nicht, kann man in Anlehnung an ein Wort von Jesus sagen.

In solchen Krisensituationen tauchen auch wieder Gebete oder Sprüche aus der Kinder- und Jugendzeit auf, und man hofft auf eine Wende der Krise zum Guten.

Naiv-magische Vorstellungen stellen sich hierbei nicht selten ein. Man ist für allerlei „Zeichen" empfänglich, die Gutes signalisieren könnten. Ein Traum, eine Naturerscheinung und ähnliches, wobei alle Spielarten des Aberglaubens und der Astrologie zum Tragen kommen können, gewinnen an Bedeutung. Oft entsteht der Eindruck von „Banalität und Trivialität" (Dahm, religiöse Kommunikation, S. 146). Mit spezifischen Inhalten des Christentums hat eine solche Frömmigkeit nichts gemein.

Die Wende einer Krise zum Guten kann als Hilfe oder Fügung Gottes verstanden werden, verbunden manchmal mit den großartigsten Versprechungen und Gelübden Gott gegenüber, die später nie gehalten werden.

Bei ungünstigem Ausgang einer Krise stellen sich verschiedene Reaktionen ein: Einerseits steht man dem Geschehen ratlos gegenüber, erkennt eine Abhängigkeit von Gottes Wirken aber noch an; zum Beispiel in Traueranzeigen: „Nach dem unbegreiflichen Ratschluß Gottes . . ." Das Bewußtsein dieser Abhängigkeit kann auch dazu führen, Leid geduldig zu ertragen und auszuhalten. Als ein Trost hilft hierbei der Glaube, daß Gott einem nicht mehr Leid schickt als persönlich zu verkraften sei.

Andererseits kann auch der Zweifel überwiegen. Ein Pfarrer bekommt dann zu hören: „Wenn es einen Gott gibt, wie kann er dann so etwas zulassen?" Aus dem Zweifel folgt mitunter die totale Verneinung der Existenz Gottes, was dann eine völlige Distanz zu Christentum und Kirche nach sich zieht. Manche haben durch die Erfahrungen im Dritten Reich ihren Glauben an einen lieben Gott verloren. In diesem Zusammenhang begegnet man auch immer wieder der Vorstellung, von Gott bestraft zu werden, die sich in Formulierungen ausdrückt wie: „Womit habe ich das verdient? Ich habe doch nichts Böseres getan als andere!" Hier schimmert ein Teil der christlichen Verkündigung durch, die Leid als Strafe oder Prüfung Gottes deutet. (Derartige Gedanken erinnern auch daran, daß kranke Kinder ihre Krankheit oft als Bestrafung auffassen; siehe Maymann/Zerfaß, Kranke Kinder, S. 14 und 177).

In der Regel stellt man hierbei Vergleiche an und rechnet auf, daß andere sich viel mehr haben zu Schulden kommen lassen und doch in Frieden leben können. Zweifel an der Gerechtigkeit Gottes werden laut – der Vergleich mit den Resignationserscheinungen in der Spätzeit des Alten Testamentes (Prediger Salomo) drängt sich auf. Unterstützt ein Pfarrer den Gedanken der Prüfung Gottes: „Gott will Ihren Glauben einer Prüfung unterziehen" oder „Wen der Herr liebhat, den züchtigt er", erzielt der Pfarrer meistens die gegenteilige Wirkung: Verärgerung, Enttäuschung mit anschließender größerer Distanz zu Christentum und Kirche.

Ein Glaube, der heute absolute Unterwerfung unter der allmächtigen Souveränität Gottes fordert, der willkürlich Leid hier und da verteilt, den man nicht verstehen und sich nur blind anvertrauen kann, stößt auf Widerstand bei den Kirchenmitgliedern. Was man vom Pfarrer erwartet ist keine Verstärkung vorhandener Zweifel, auch nicht Hinweise auf eigene Schuld oder Versagen, sondern Bestätigung und Beruhigung. Das Selbstwertgefühl des einzelnen ist heute so empfindlich, daß Kritik an eigenen Überzeugungen und Handlungsweisen in der Regel eine Reihe von Abwehrmechanismen mobilisiert. Es herrscht eine auf die eigene Person bezogene Sensibilität, die jede Verunsicherung vermeiden will.

Solche Abwehrvorgänge sind: Die Kritik entwerten durch Informationen über die kritisierende Person („die Pfarrer sind sich ja auch untereinander nicht einig"; „heute kann man ja keinem mehr glauben"); die Kritik überspitzen („dann glaube ich an gar nichts mehr"); die kritisierende Person in eine „Schublade" stecken („das sind ja mittelalterliche Ansichten"); die Suche nach Entschuldigungen („ich bin nicht schuld, sondern die Verhältnisse").

Als Abwehr sind auch alle Arten von Flucht aus der Wirklichkeit zu verstehen: Man resigniert („Es ist doch alles sinnlos") oder sucht Trost und Halt in Alkohol und anderen Drogen.

Manchmal entwickelt sich auch eine Einstellung, die in kämpferischer Art alles verneint und herabwürdigt, was mit Christentum und Kirche zusammenhängt.

Sich mit Kritik sachlich auseinandersetzen, sich in Frage stellen können, belastbar sein, das sind Zeichen seelischer Gesundheit.

In der Bundesrepublik schätzt man allerdings die Zahl der Nicht-Belastbaren, bzw. Seelisch-Kranken auf etwa zehn Millionen. Jeder sechste Bundesbürger hat solche Schwierigkeiten mit sich selbst und damit auch mit anderen, daß er sich eigentlich in therapeutische Behandlung begeben müßte.

Mit den letzten Bemerkungen scheinen wir über den Rahmen des Gottesglaubens hinauszugehen, aber bei genauerer Betrachtung hängt die heutige Anfälligkeit und Überempfindlichkeit der Persönlichkeit damit zusammen. Werfen wir zur Erklärung dieses Zusammenhanges einen Blick zurück in die Geschichte (zum folgenden vgl. auch Riesman, Masse):

Exkurs: Die Wandlung des Lebensgefühles

Unser gegenwärtiges Lebensgefühl ist zunehmend gekennzeichnet durch die Erfahrung von Leere und Orientierungslosigkeit; nur in Grenzsituationen weiß man sich im Glauben an Gott gebunden. Das war früher anders. Machen wir uns in kurzen Umrissen zunächst einmal das Lebensgefühl des Mittelalters klar:

Das Lebensgefühl der Menschen im Mittelalter läßt sich am anschaulichsten in einer Skizze verdeutlichen:

Diese Pyramide stellt in vereinfachter Form das gesellschaftliche Schichtengefüge dar, das fraglos und unkritisch allgemein akzeptiert wurde. In einen bestimmten Stand hineingeboren zu werden, galt als Fügung Gottes. In jedem Stand herrschten Gesetze (zum Beispiel die

Zunftregeln), die den Rahmen für eigenes Handeln bildeten. Kaum jemand stellte diese Standesordnung in Frage oder kam auf den Gedanken, sie aufzulösen oder abzuschaffen.

Im Lebensgefühl der Menschen war dieses hierarchische Verständnis der Wirklichkeit verbunden mit einer fest verankerten Obrigkeitshörigkeit. Von oben nach unten stand ein ziemlich starres Befehl-Gehorsam-Prinzip in Geltung.

Lebensgefühl infolge der *Aufklärung:* Der Philosoph Immanuel Kant hat die Aufklärung bezeichnet als „den Ausgang des Menschen aus seiner selbstverschuldeten Unmündigkeit".

Autonomie (Eigengesetzlichkeit, Unabhängigkeit, Selbstverantwortung) des Menschen ist nun das bezeichnende Stichwort für das Lebensgefühl. Der einzelne braucht nun keine äußere Autorität mehr (wie im Mittelalter), an der er sich orientiert. Das Abhängigkeitsbewußtsein von Gott schwindet; der Mensch hat in sich selbst die Fähigkeiten, Ziele zu setzen, den Rahmen seines Handelns abzustecken, bzw. sich selbst zu verwirklichen.

Die alten Standesgrenzen werden somit durchlässig und auch überflüssig.

Der Mensch trägt das moralische Gesetz in sich und nimmt im Grunde damit Gottes Position ein.

Allmachtsphantasien und ein optimistischer Fortschrittsglaube sind die Inhalte dieses Lebensgefühls.

Die Voraussetzungen für die Industrialisierung sind damit gegeben; der frühe Kapitalismus mit dem freien Konkurrenzverhalten konnte sich entfalten.

Das *gegenwärtige* Lebensgefühl wird noch in starkem Maß bestimmt von den beiden vorausgegangenen. In manchen ländlichen Gegenden (besonders in solchen katholischen Glaubens), aber auch in manchen Betriebsorganisationen herrscht gewissermaßen noch das Lebensgefühl des Mittelalters. Daneben begegnen uns auch das Autonomie- und Volkskommenheitsstreben des durch die Aufklärung geprägten Menschen.

In der letzten Zeit haben sich jedoch die Tendenzen verstärkt, die einen anderen Gesamteindruck des Lebensgefühls vermitteln.

Der Glaube an den Fortschritt und der unbegrenzten Möglichkeit menschlicher und technischer Entfaltung weicht zunehmend einer tiefsitzenden Resignation. Der Mensch als Maß aller Dinge sieht sich mit den Grenzen seiner Allmachtsphantasien konfrontiert. Das Gefühl von Leere und Sinnlosigkeit breitet sich aus und gründet auf einem Empfinden der Isolation und Heimatlosigkeit (Mitscherlich).

Aufgrunddessen kommt es nun einerseits zu den bereits erwähnten Fluchtversuchen aus der Wirklichkeit (auch in die Familie als „heiler Welt", in ein blindes Konsumieren von Medienangeboten, Urlaubsreisen oder in einen perspektivelosen Aktivismus), andererseits sehnt der Mensch sich nach festen Strukturen, die ihm Orientierung, Halt und Geborgenheit vermitteln.

Besonders für die jüngere Generation sind Wohlstand, Haus mit Garten, Urlaub keine tragenden Lebensziele mehr.

Zu den Ansätzen sinnvoller Gesichtspunkte für die Zukunft gehören das Umweltbewußtsein, das Engagement zur Erhaltung des Friedens und das Bemühen um qualifizierte zwischenmenschliche Beziehungen.

Die angesprochene Überempfindlichkeit des einzelnen heute ist im wesentlichen als Reaktion auf die verbreitete Orientierungslosigkeit zurückzuführen.

Nach dem Verlust des Glaubens an die Allmächtigkeit der menschlichen Möglichkeiten, versucht der einzelne – auf sich selbst zurückgeworfen – eine Art persönliche Vollkommenheit und Unantastbarkeit wenigstens nach außen hin darzustellen. Er möchte einwandfrei auftreten, gibt sich stabil, souverän, gewandt, jeder Situation mit einem Lächeln auf den Lippen gewachsen. Er vermeidet, Gefühle oder gar Schwächen zu zeigen und kann nur schwer Fehler eingestehen. Die „Fassade" muß tadellos sein.

Krampfhaft werden deshalb auch im gesellschaftlichen Gefüge Leiden und Tod aus der Öffentlichkeit verbannt, und nicht angepaßten Randgruppen in der Gesellschaft tritt man in aggressiver Weise gegenüber (anschaulich erläutert H.E. Richter in seinem Buch 'Der Gotteskomplex' diesen Sachverhalt).

In der Psychologie nennt man diese Problematik 'Narzismus' (Glaube an die eigene Vollkommenheit).

Die Auswirkungen davon begegnen uns in der Art und Weise des oben beschriebenen Glaubens an Gott.

Man muß wieder lernen, menschliches Dasein als bruchstückhaft, endlich und vergänglich zu begreifen, zu dem Leiden als grundlegende Wirklichkeit dazugehört. Es gilt, einen Glauben an Gott zu verdeutlichen, aus dem die Fähigkeit kommt, Leiden zu tragen ohne Patentantworten dafür zu fordern (im Schlußkapitel gehen wir auf diese Gedanken noch einmal ein).

Neben dem Glauben an Gott gehört zur Volksfrömmigkeit die Betonung der *Nächstenliebe* (siehe Harenberg, Glaube, S. 35; Kehrer, Industriearbeiter, S. 167f; Feige, Erfahrungen, S. 415).

Mitunter gewinnt die Nächstenliebe solch einen Stellenwert, daß andere Inhalte des christlichen Glaubens als „Nebensächlichkeiten" deklassiert werden.

Als wichtigste Auslegung der Nächstenliebe gelten nach wie vor die Zehn Gebote. Weitere und differenziertere theologische und ethische Erläuterungen nimmt man entweder überhaupt nicht zur Kenntnis oder lehnt diese von vornherein ab. Man fühlt sich unabhängig und eigenständig genug, im Sinn der Nächstenliebe zu entscheiden und zu handeln. Dieses Bewußtsein sittlicher Selbständigkeit, losgelöst von kirchlichen Lehrmeinungen (Kehrer, Industriearbeiter, S. 158; Feige, Erfahrungen, S. 114ff), erweist sich aber in bezug auf das tatsächliche Verhalten als widersprüchlich und in sich nicht stimmig.

Im konkreten Verhalten nämlich richtet man sich nach anderen Gesichtspunkten. Man akzeptiert die Norm 'Nächstenliebe', faktisch aber wird das Verhalten bestimmt durch „den stummen Zwang der ökonomischen Verhältnisse" (K. Marx).

Bei geschäftlichen Manipulationen entsteht kein schlechtes Gewissen; Aggressionen gegenüber Randgruppen in der Gesellschaft sind 'normal' (als Beispiel dient die Ausländerfeindlichkeit); mit Skepsis und Vorbehalten (Vorurteilen) begegnet man Strafentlassenen, Behinderten, Umweltschützern. Auch die Einstellung zu den Hungernden in der Dritten Welt muß hier genannt werden. Noch immer übersteigen die Ausgaben für Knallkörper am Silvesterabend bei weitem den gesamten Ertrag der Aktion Brot-Für-Die-Welt. Mit dem Argument, man wüßte ja nicht, ob das Geld auch an die richtige Adresse käme, wird die eigene ichbezogene, materialistische Einstellung verschleiert. Das Normalverhalten weicht vom Bekenntnis zur Nächstenliebe erheblich ab.

Diese Zwiespältigkeit zwischen Normenbewußtsein und tatsächlichem Handeln veranschaulicht auch folgende Aussage: „Ich weiß nicht, als C h r i s t dürfte man normalerweise das nicht sagen (härtere Maßnahmen im Strafvollzug), aber als M e n s c h würde ich doch sagen: Verdammt nochmal."

Anhand dieser Aussage bedeutet 'Christsein' im Sinn der Nächstenliebe: Liebe, Güte, Barmherzigkeit. 'Menschsein' in unserer Gesellschaft heißt demgegenüber einen „gemäßigten Sadismus" (Ottomeyer, Zwänge, S. 82) vertreten. Dieses 'Menschsein' ist die Folge unseres „staatlich regulierten Monopolkapitalismus" (Spiegel, Klassenbindung, S. 9ff). Wenn im wirtschaftlichen Bereich die Zehn Gebote beachtet würden, wäre der Zusammenbruch unvermeidlich. Das kapitalistische System hat von seinen Anfängen im 19. Jahrhundert an zur Auflösung und Relativierung christlicher Verhaltensmaßstäbe erheblich beigetragen.

Widersprüchliche Anforderungen stehen heute gleichzeitig in Geltung:

Gleichzeitig erwartet man vom einzelnen Vertrauen und Mißtrauen (besonder im Geschäftsleben);

gleichzeitig werden von Mitarbeitern im Betrieb einerseits Teamarbeit, Rücksicht, Hilfsbereitschaft gefordert und andererseits egoistisches Streben gezüchtet (das spiegelt auch die Situation der Schüler wider);

gleichzeitig werden auf der einen Seite Sparmaßnahmen in mancherlei Hinsicht als notwendig proklamiert; auf der anderen Seite ständig zum Konsumieren animiert;

gleichzeitig gelten einerseits Ehrlichkeit und Verläßlichkeit als Tugenden im Beruf, andererseits sollte dieselbe Person auch über Tricks und einem Lügenrepertoire zum Wohl des Betriebes verfügen.

Die Gesetze des (wirtschaftlichen) Erfolges bestimmen im weitesten Sinn das Maß von Menschlichkeit (Ottomeyer, Zwänge, S. 180f).

Diese Widersprüche führten und führen auch dazu, daß Eltern in der Erziehung ihrer Kinder unsicher sind und die allgemeine Orientierungslosigkeit von daher ständig Nahrung erhält.

Zum Gedanken der Nächstenliebe lassen sich noch einige andere Eigenschaften zuordnen, die im Bewußtsein der traditionellen Christen gleichbedeutend sind mit christlich: gut, ehrlich, hilfsbereit, friedlich, anständig, großherzig, edel (siehe Harenberg, Glaube, S. 32; Feige, Kirchenaustritte, S. 151).

Von theologischen Aussagen ist ein derartiges Verständnis von christlich unabhängig. Die Kombination christlich-kulturell dürfte angemessener sein; das heißt, wir können von einer „christlichen Kultursynthese" ausgehen (Kehrer, Industriearbeiter, S. 94). „Viele Mitglieder wissen sich nach wir vor im Hauptstrom christlicher Tradition. Sie fühlen sich im Einklang mit den Werten und Zielen, den Gefühlen und Einstellungen einer Gesellschaft christlicher Herkunft, mit dem Religiös-Selbstverständlichen und Selbstverständlich-Religiösen, das in dieser Gesellschaft, in ihren Strukturen und Institutionen, in ihren Traditionen, Sozialisationsformen (Einflüssen und Prägungen in Kinder- und Jugendzeit) und -inhalten wirkt, in der Regel, ohne sich zu artikulieren." (Hild, stabil, S. 172).

Aus der Kirche Ausgetretene haben vielfach auch kein anderes Wertebewußtsein (Feige, Kirchenaustritte, S. 116ff).

Für die Volksfrömmigkeit ist also bezeichnend, daß die Orientierung an Jesus in den Hintergrund tritt. Und die christologisch ausgerichtete theologische Forschung hat die Frömmigkeit der traditionellen Christen (die etwa 60 % bis 70 % aller Kirchenmitglieder ausmachen) kaum berührt.

Hin und wieder geben Kirchenmitglieder auf die Frage nach dem Wichtigsten in ihrem Glauben in leerformelhafter Weise christologische Antworten: „Christus ist unser Retter und Erlöser." Solche Antworten sind als Überbleibsel aus dem Religions- und Konfirmandenunterricht zu werten und haben kaum Einfluß auf das eigene Selbstverständnis.

Interessanterweise vertreten etliche Kirchenmitglieder die Ansicht, es gäbe so etwas wie eine verbindliche Lehrmeinung nicht nur in der katholischen, sondern auch in der evangelischen Kirche. Ihre eigene Kenntnis dieser „Lehrmeinung" erweist sich aber als sehr verschwommen und erschöpft sich mit dem Hinweis auf Vaterunser, Glaubensbekenntnis und Zehn Gebote.

Ein weiteres wesentliches Kennzeichen des Glaubens der traditionellen Christen ist ihre *religiöse Toleranz*. Konfessionelle Unterschiede treten immer mehr in den Hintergrund. Viele würden der Aussage Lessings in seiner Ringparabel (Nathan der Weise) zustimmen, daß es im Grund gleichgültig sei, ob man evangelisch, katholisch oder Jude wäre, entscheidend sei nur das tatsächliche, von der Liebe bestimmte Verhalten.

Der häufig zu hörende Ausspruch: „Wir haben doch alle einen Gott", kann als Hinweis auf diese interkonfessionelle Toleranz gelten.

Mitunter räumt man sogar dem Christentum keine Vorrangstellung vor anderen Religionen ein: „Es ist gar nicht so ausschlaggebend, was einer ist, sondern daß er sich einer Religion überhaupt verpflichtet fühlt." (Zur religiösen Toleranz siehe auch Kehrer, Industriearbeiter, S. 52ff). Die meisten Religionen wollen nach Ansicht dieser Kirchenmitglieder das Gute im Menschen beleben (Kehrer, Industriearbeiter, S. 192). Da Gutsein mit christlich gleichgesetzt wird, verwischen sich infolgedessen auch die religiösen Grenzen.

Halten wir noch einmal die Hauptgesichtspunkte des Glaubens der traditionellen Christen fest:

— ein Glaube an Gott als höherer Macht, der in Krisensituationen lebendig wird;

— die Betonung der Nächstenliebe als Gesinnungs- und Handlungsrichtschnur;

— die interkonfessionelle und religiöse Toleranz.

Welche Einstellung begegnet uns nun bei ihnen hinsichtlich der überlieferten biblisch-dogmatischen Inhalte wie Auferstehung, Jungfrauengeburt, Wunder u.s.w.?

Die Art der Bindung an christologische Formeln deutet bereits die Antwort an: Einerseits werden biblisch-dogmatische Inhalte (besonders von älteren Kirchenmitgliedern) unkritisch akzeptiert und ihre Gültigkeit sogar als Fundament des christlichen Glaubens angesehen: „Wenn man das nicht glaubt, dann darf man sich auch nicht mehr als Christ bezeichnen." Noch deutlicher hat es ein anderes Kirchenmitglied (Akademiker) ausgedrückt: „Ich seh die christlichen Dinge ganz einfach, fast kindlich." Dieses Für-Wahr-Halten biblischer Inhalte erweist sich als immun gegenüber theologischen Überlegungen und Erkenntnissen (vgl. Köster, Kirchentreuen, S. 73). Aber die Verbindlichkeit dieser Inhalte gleicht einer Aufbewahrung im Museum; das Alltagsleben verläuft davon völlig unbeeinflußt; diese Inhalte sind „religiös neutralisiert" (Schelsky, Dauerreflexion, S. 186).

Ähnlich wie der Glaube an Gott bilden diese Überlieferungen eine Art Rahmenvergewisserung des Glaubens. Man braucht zwar diese Inhalte nicht, aber sie gewährleisten mit, daß man sich als Christ versteht.

Der Widerspruch, der in diesem Zusammenhang auftaucht, auf der einen Seite die biblischen Überlieferungen für wahr zu halten und auf der anderen Seite religiös tolerant zu sein, wird als solcher gar nicht empfunden. Unterschwellig ist für diese Kirchenmitglieder wesentlich, überhaupt einen Glauben zu haben. Die Frage nach der Wahrheit der Religionen liegt außerhalb ihres Denk- und Glaubenshorizontes.

Andererseits verblassen die überlieferten biblisch-dogmatischen Inhalte — besonders bei vielen jüngeren Kirchenmitgliedern — bis zur völligen Gleichgültigkeit (siehe Feige, Erfahrungen, S. 120, 187 f, 240).

Christliches und theologisches Wissen — das ergibt sich aus den bisherigen Ausführungen — ist nicht vorhanden. Infolgedessen ist auch eine theologische Standortbestimmung nicht möglich.

Diese Kirchenmitglieder weisen hierbei auf den Unterschied zwischen einem Laien und dem Pfarrer hin: „Sie (als Pfarrer) sind ja mit dem Metier vertraut, wir sind ja nun mal keine Theologen."

Von alters her ist Theologie allein Angelegenheit des Pfarrers und nie Sache des Volkes gewesen.

Sich mit theologischen Problemstellungen auseinanderzusetzen, halten traditionelle Christen für nicht erforderlich, ja sogar für überflüssig (Weber, Kirchenorganisation, S. 109). Sie lehnen die wissenschaftliche Auseinandersetzung mit der Bibel manchmal direkt ab: „Ja, was interessieren mich denn die Auslegungsdinge da, wenn alles da fürchterlich wissenschaftlich zerredet wird, dann sage ich: Komm, laß mir doch die Ruh". Für die ganze Einstellung beispielhaft ist folgende Äußerung: „Ich halte das, wie ich es von klein auf kenne und ändere mich auch da nicht drin."

Rendtorff (soziale Struktur, S. 9) stellte dazu fest, daß das volkskirchliche Erbe „sich nicht nur entgegen allen Erwartungen bis in die moderne Gesellschaft weiterhin stetig durchhält, sondern auch eine relativ selbständige und vom Fluß der theologischen und kirchlichen Neuanfänge weitgehend unberührte Eigenentwicklung genommen hat." Man muß Rendtorff beipflichten, nur ist weniger eine Eigenentwicklung der Frömmigkeitsinhalte festzustellen als eine Unwandelbarkeit durch die letzten Jahrhunderte hindurch.

In dem Maß, wie man theologisch-wissenschaftliche Themen und Probleme ablehnt, wünscht man auf der anderen Seite Antworten hinsichtlich der Sinngebung des Alltags und der Bewältigung von Lebenskrisen. Etwa:

— Wie komme ich über den Verlust eines Menschen hinweg?

— Wie bereite ich mich auf das Sterben vor?

— Wie gehe ich mit Schwierigkeiten im Alter um?

— Wie kann ich die Probleme zwischen alt und jung unter einem Dach in den Griff bekommen?

— Wie begegne ich der Einsamkeit?

— Wie soll ich mich den Kindern gegenüber verhalten, wenn sie eigene Wege gehen wollen?

— Wie werde ich mit Enttäuschungen fertig? U.s.w.

Solche Fragen brennen vielen heute unter den Nägeln und sind auch vom Hintergrund der bereits erwähnten Orientierungslosigkeit her zu verstehen. In der alten Großfamilie konnten diese Krisen besser bewältigt werden als in der heutigen, durch die Industrialisierung verursachten Kleinfamilie. Einsamkeit, Alter, Tod führten in der Großfamilie nicht zu solch grundlegenden Erschütterungen wie heute in der Kleinfamilie. Und Beziehungsprobleme traten durch den patriarchalischen Führungsstil gar nicht so deutlich ins Bewußtsein.

Die Ansätze heute, in partnerschaftlichem Miteinander die Familienstrukturen auszuweiten zu Gebilden ähnlich der alten Großfamilie, sind zu begrüßen und zu fördern.

Die traditionellen *christlichen Gepflogenheiten* begegnen uns bei diesen Kirchenmitgliedern immer seltener. Hin und wieder ein persönliches Gebet, kaum noch Beten bei den Mahlzeiten und so gut wie gar keine Bibellese. Der Glaubensüberzeugung entspricht, daß auch ein Spaziergang in der Natur religiösen Anstrich erhalten kann: „Man fühlt sich Gott näher." Auf den Gottesdienstbesuch kann man verzichten: „Wenn ich auch nicht in die Kirche gehe, bin ich doch kein schlechter Mensch." Der Wunsch nach Beschaulichkeit, Andacht, Ru-

he, Besinnung beim Spaziergang ähnelt dem beim Besuch des Gottesdienstes.

Die *christlich-religiösen* Erfahrungen sind in den Gefühlsmomenten
beim Gottesdienstbesuch oder beim Spaziergang enthalten. Am meisten werden Geborgenheit, Halt, Vertrauen genannt, die auch zur Beruhigung in Krisensituationen verhelfen.

In der psychologischen Begrifflichkeit heißen diese Erfahrungsin-
halte „primärnarzistische Strebungsqualitäten" (Arndt, Ich-Konstitution, S. 78ff). Hierzu noch einige Anmerkungen:

Man kann sagen, daß den Menschen zwei Grundkräfte bestimmen.
Einerseits der Drang nach Unabhängigkeit und Freiheit und der Ent-
faltung eigener Fähigkeiten und Möglichkeiten, andererseits die ewige
Sehnsucht nach Schutz, Halt und Geborgenheit. Der werdende
Mensch im Mutterleib erlebt unbewußt totale Geborgenheit und Si-
cherheit. Nach der Geburt setzt allmählich das Streben nach Freiheit
und Selbständigkeit ein, aber immer begleitet von dem gleichzeitigen
Wunsch nach Geborgenheit: „Die ersten selbständigen Akte, ange-
fangen beim Laufenlernen als einer der Grundvoraussetzungen für die
Eroberung der Welt, gelingen dem Kind nur in der Sicherheit bedeu-
tenden Gegenwart der vertrauten Bezugsperson und mit ihrer Hilfe."
(Maymann/Zerfaß, Kranke Kinder, S. 13).

Verfügt ein Erwachsener über seine volle Leistungsfähigkeit und
hat Erfolg im Beruf, sind Freiheit und Unabhängigkeit die beherr-
schenden Kräfte; in Krisensituationen überwiegt der Wunsch nach
Halt und Geborgenheit. In Notzeiten wird der Glaube an Gott lebendig.

3.2. Die Frömmigkeit der funktionalen Christen

Viele Ansichten der traditionellen Christen begegnen uns auch bei
den funktionalen Christen. Im folgenden sollen nur andere Gewich-
tungen oder auch Unterschiede aufgezeigt werden.

Noch größere Bedeutung kommt bei den funktionalen Christen
der *Nächstenliebe* zu.

Neben dem Glauben an Gott „steht für mich der Umgang mit dem
Menschen an allererster Stelle; jeden, unabhängig von seinem Ansehen

und von seinem Auftreten und von seiner Art, als Mensch zu akzeptieren und ihn entsprechend zu behandeln. Das fasse ich als Nächstenliebe und als Fremdenliebe auf."

Damit wird ein Christentum der Tat beschrieben, das konsequent auf ein menschenwürdiges Zusammenleben abzielt! „Das neue Leben, das sollten wir hier erkennen und hier durchführen auf der Erde in Form von Gerechtigkeit und Verstehen von dem andern, Zuneigung und Liebe."

Diese Kirchenmitglieder bemühen sich um eine Übereinstimmung zwischen Glauben und Handeln. Aus ihren Reihen kommen die Impulse und das Engagement für ein besseres Zusammenleben, für eine friedlichere Welt mit weniger Waffen, weniger Umweltzerstörung und mehr Gerechtigkeit. In diesem Zusammenhang spielt auch die Person Jesu eine Rolle. Jesus gilt als Vorbild in seinem von der Liebe bestimmten Verhalten.

Andere biblisch-dogmatischen Inhalte wie Wunder oder Jungfrauengeburt sind nebensächlich, der Mehrheit der funktionalen Christen sogar gleichgültig. Sie schätzen sich eigenständig genug ein, im Sinn der Nächstenliebe zu handeln: „Der Begriff der Nächstenliebe, der kann sich nicht biblisch erschöpfen."

Eigene theologische Kenntnisse halten diese Kirchenmitglieder nicht für erforderlich. Viele wissen ungefähr um die Zeit- und Situationsbezogenheit der Bibel, und dieses Wissen bewahrt sie davor, biblische Inhalte als wörtlich zu nehmende Wahrheiten anerkennen zu müssen. Sie begrüßen im allgemeinen aber eine von den Theologen auf die heutigen Lebensumstände ausgerichtete Übertragung biblischer Aussagen.

Das Christentum verkürzt sich für sie auf eine besondere Art sozialen Engagements (siehe Weber, Kirchenorganisation, S. 109; Hild, stabil, S. 240).

Christliche Gepflogenheiten traditioneller Art sind so gut wie gar nicht vorhanden. Lediglich das Gebet mit den Kindern am Abend kann noch als praktiziertes Ritual genannt werden. Jedoch deutet sich hier auch ein Wandel der Form und des Inhaltes an. Alte Kindergebete in Reimformen kommen immer mehr aus der Mode. „Dafür rede ich sehr viel mit den Kindern, erklär ihnen sehr viel und spreche mit ihnen darüber." Dieser Wandel der christlichen Gepflogenheit hat das Ziel „Selbstverständigungsprozesse" zu begründen und zu fördern (Hüppauf/Stoodt, Verständigung, S. 173).

Die Form dieses praktizierten Glaubens erweist sich neben dem konkreten Verhalten darin, daß „man miteinander spricht" (Schelsky, Dauerreflexionen, S. 183).

Sprechen über die Fragen und Erlebnisse des Alltags und über die Grundfragen des Daseins, wobei Gefühlsäußerungen (Ängste, Hoffnungen) besonders beachtet werden, gewinnt an Bedeutung, da die überlieferten Gebete nicht mehr ausrechende Orientierungshilfen vermitteln. Miteinander sprechen, meditieren, nachdenken, sich zu seinen Gefühlen bekennen, sich anderen anvertrauen zu können, das sind Ansätze, um den Tendenzen von Perspektive- und Heimatlosigkeit heute zu begegnen. „Ich habe ein bißchen gestörtes Verhältnis zum Gebet. Ich denke sehr gern über Dinge nach und intensiv nach, und ich meine immer, das wäre auch ein Teil des Gebetes."

Die Inhalte der christlich-religiösen Erfahrung ergeben sich aus dem Gesagten. „Der Mensch braucht die geistige Auseinandersetzung mit Gott. Ich sitz manchmal da oder lieg im Bett, und dann sinnier ich vor mich hin; und dann erzähl ich ganz einfach meine Gedanken." In solchen Stunden erfährt man auch Kraft, Trost, Halt und Geborgenheit, was auch begleitende Gefühlsmomente im alltäglichen Umgang oder in der Arbeit sein können. Allerdings tauchen auch Zweifel und Resignationserscheinungen auf, wenn Projekte nicht laufen und Rückschläge sich häufen. Dennoch hält man am Prinzip der Nächstenliebe fest: „Wenn wir hier nicht für die Menschlichkeit immer wieder eintreten würden, sähe es auf der Welt noch viel schlimmer aus."

3.3. Die Frömmigkeit der Evangelikalen

Kernpunkt des Glaubens ist für die Evangelikalen ein allumfassendes Vertrauensverhältnis zu Jesus und Gott, das durch einen bewußten Entscheidungsakt erworben wird (siehe K. 2.3.). Diese Hinwendung zu Jesus und Gott bezeichnen die Evangelikalen mit Begriffen wie „Übergabe", „Hingabe", „Wiedergeburt", „Ausliefern an Jesus". Der Entscheidungscharakter ist für diese Glaubenshaltung typisch (Brandenburg, RGG II, Art. Gemeinschaftsbewegung, Sp. 1366). Das

Leben vor der Bekehrung gilt als sündhaft und verloren: „Da wußte ich auf einmal: Ich bin auch ein Toter. So kanns jetzt nicht weitergehen. Und ich fand keine Ruhe mehr." Nach der Bekehrung schließt sich ein Leben in der „Heiligung" an. Weltliche Vergnügungen werden gemieden; die eigene christliche Praxis gestaltet sich als sehr umfangreich: „Wir lesen mittags das Kalenderblättchen, das Tischgebet ist selbstverständlich; und abends lesen die Kinder ihre Bibel; und ich lese mit meiner Frau zusammen immer die Bibel." Besondere Aufmerksamkeit widmet man dem Gebet, besonders dem freien Gebet. Das freie Gebet ist eine Frucht des alten Pietismus „im Sinne einer persönlichen originellen Ergießung des Herzens" (Kulp, RGG II, Art. Gebet, Sp. 1227). Man spricht im Gebet mit Gott wie mit einem anderen Menschen, dankt, bittet und erhält auch auf irgendeine Art Weisungen von ihm.

In manchen evangelikalen Kreisen herrscht auch der Brauch, bestimmte Anliegen „durchzubeten". Auf Gebetskarten sind diese Anliegen verzeichnet, die sich auf kranke Gemeindeglieder, der Förderung des geistlichen Lebens, der Erhaltung des Friedens in der Welt beziehen können.

Die wichtigste Bitte des Gebetes sollte die um den heiligen Geist sein, „daß er bei und in einem sei und wirke".

Zum Leben in der Heiligung zählt selbstverständlich auch ein sittlich-moralisch einwandfreies Verhalten und ein missionarischer Dienst, andere bei passender Gelegenheit in Gespräche über den Glauben zu verwickeln und eventuell zu „Jesus zu führen". „Ich muß mir oft Vorwürfe machen, daß man vielleicht zu wenig sagt, Ich weiß nicht, wo es steht, aber einmal steht es irgendwo in der Bibel, daß diese Leute einen dann anklagen, denen man kein Zeugnis war."

Der missionarische Dienst dient also auch persönlichen Interessen, wobei das Zwanghafte dieser Praxis wieder durchscheint.

„Aber alles, was dem geistigen Leben des Menschen vom Menschen selbst oder von anderen aufgezwungen wird, bleibt künstlich, erzeugt Angst, Fanatismus und steigert die Betriebsamkeit frommen Tuns." (Tillich, Theologie II, S. 95).

Die Veranstaltungen der Kirche (vorausgesetzt, es handelt sich um einen 'gläubigen' Pfarrer) besuchen diese Kirchenmitglieder regelmäßig.

Das Leben in der Heiligung wird von einem Glauben an Gott und Jesus beherrscht, der das Kennzeichen von totaler Abhängigkeit trägt. Alle Vorkommnisse im eigenen Leben und in der Natür führt man auf Gottes Walten zurück. Gott als übernatürliche Macht kann auch Naturgesetze je nach Belieben außer Kraft setzen. Dem naiv-magischen Wunderglauben ist somit Tor und Tür geöffnet. Ein mündiges Christentum kann sich nicht entfalten. Dieser Glaube bewirkt, daß „die konkreten Lebenssituationen mittels irrationaler und mystifizierender Erklärungsversuche unbearbeitbar" gemacht werden (Stoodt, Stimme 1976, S. 18f).

Dieser Glaube trägt auch fatalistische Züge (es kommt sowieso alles so, wie es von Gott vorherbestimmt ist) und hat seine Entsprechung im „Kismet" des Islam.

Indem man die Sündhaftigkeit des Lebens unterstreicht, die Welt abwertet und sich von ihr abgrenzt, rückt auch der Glaube an das ewige Leben immer mehr in den Mittelpunkt (siehe auch Brandenburg, RGG II, Art. Gemeinschaftsbewegung, Sp. 1366 und 1372f).

Das irdische Leben gilt nur als Probezeit und als Vorbereitung auf das ewige Leben. Sehr leicht wird daraus eine Vertröstung aufs Jenseits, und lebensverachtende Bestrebungen verstärken sich. Die Sorge für die Welt tritt hinter dem Zentralziel zurück, selbst das ewige Leben zu erreichen. Zu dem Zwanghaften des Glaubens kommt das Egozentrische hinzu. Zwar ist das Spendenaufkommen der Evangelikalen und ihre Bereitschaft zur Mitarbeit erheblich, aber diese „Betriebsamkeit frommen Tuns" (Tillich) geschieht nicht ohne eigennützige Hintergedanken. Der Glaube an das ewige Leben erfährt auch dadurch zusätzliche Nahrung, da sich die Welt — nach Meinung der Evangelikalen — in der Endzeit befindet und mit dem baldigen totalen Zusammenbruch und dem Jüngsten Gericht gerechnet werden muß.

Dieses Wissen hat man aus der Bibel, die die Grundlage und die Richtschnur des Glaubens darstellt. Viele Evangelikale vertreten auch noch die Verbalinspiration (alle Worte in der Bibel sind den Schreibern direkt von Gott eingegeben). Infolgedessen geht man *harmonisierend* mit den unterschiedlichen Aussagen in der Bibel um. Gegensätze in der Bibel werden verschleiert. Den Bemühungen der historisch-kritischen Forschung in der Theologie steht man sehr kritisch bis ablehnend gegenüber. Diese Theologie „ist indiskutabel; die (Theologen wie Bultmann, Braun, Sölle, Käsemann) scheiden aus, weil sie eben keine klare biblische Verkündigung haben." Begriffe wie 'indiskutabel' 'ausscheiden' unterstreichen den absolutistischen Charakter dieses Glaubens. Mit den Büchern der genannten Theologen haben sich die meisten der Evangelikalen selbst nicht auseinandergesetzt. Ihre theologische „Bildung" stammt vorwiegend aus Literatur ihrer eigenen Glaubenskreise, die die Bemühungen der Theologen negativ zurechtgestutzt vermitteln.

Man wirft diesen Theologen vor, sie würden die Bibel nicht ernst nehmen und mit ihrer Forschung die biblischen Wahrheiten zersetzen. Außerdem paßten sie sich zu sehr den geistigen Modeströmungen der Gegenwart an und gingen daher auch von einem nicht-biblischen Menschenbild aus: „Und zwar ist es dasselbe Menschenbild, wie es in der modernen Philosophie oder in der Psychologie oder im Existentialismus vorausgesetzt ist. Unsere Psychologen sagen ja: Der Mensch ist gut, er ist nur ein Produkt seiner Umwelt; und wenn die Verhältnisse verbessert werden, dann kann der Mensch auch verbessert werden. Als Christ weiß ich aus der Bibel, daß das nicht stimmt, daß der Mensch von Natur böse ist, daß er unter der Herrschaft der Sünde ist und daß er erst durch den Glauben an Jesus da herausgeholt werden kann und dadurch erst die Chance hat, ein anderer Mensch zu werden."

In dieser Schwarz-Weiß-Malerei darf man nicht biblisches und psychologisches Menschbild gegenüberstellen. Ein Blick in die Veröffentlichungen der besagten Theologen läßt zudem die Unhaltbarkeit solcher pauschalen Verurteilungen deutlich werden.

Wenn natürlich alle biblischen Inhalte als unantastbare göttliche Wahrheiten gelten, bleibt die Vernunft hierbei auf der Strecke.

Auf das Wirken des heiligen Geistes ist es ihrer Ansicht nach zurückzuführen, daß die Bibel eine solche einzigartige Sonderstellung in der Weltliteratur innehat. Als geheimnisumwobene Kraft herrscht der heilige Geist aber nicht nur in der Bibel, sondern auch in jedem wahrhaft Gläubigen: „Nur der Gläubige kann ja Erfahrungen machen mit dem heiligen Geist. Aber auf der anderen Seite ist es auch so, daß der Nichtgläubige vom heiligen Geist angesprochen werden kann, daß der Geist bewirken kann, daß auch dieser zum Glauben kommt. Als gläubiger Mensch sieht man diese weltlichen Dinge in einem ganz anderen Licht wie einer, der eben nicht mit der Bibel lebt."

Die Aufteilung der Wirklichkeit in weltlich-geistlich, gläubig-sündhaft verfestigt den Gesamteindruck, daß uns die Evangelikalen heute (im Vergleich zum früheren Pietismus) als orthodox (einseitig und starr) begegnen (siehe Schmidt, Pietismus, S. 161).

Sie beanspruchen für ihren Glauben absolute Gültigkeit und verhalten sich Andersdenkenden und -Gläubigen gegenüber sehr intolerant.

Es versteht sich von selbst, daß sich die Evangelikalen mit der „Bekenntnisbewegung Kein Anderes Evangelium" verbunden fühlen.

Zum Teil sind bereits die Inhalte ihrer christlich-religiösen Erfahrung angesprochen worden. Die feste Gemeinschaft untereinander vermittelt ihnen Halt und Geborgenheit; im Rahmen ihrer Gebetspraxis erleben sie Gebetserhörungen "sei es um kleinere Dinge, sei es um größere". Darüber hinaus verstärkt ihr Glaube das Bewußtsein, daß „man weiß, wie man geführt worden ist und noch immer wieder geführt wird."

Wenn man geführt wird, erübrigt sich eigenes Sehen.

In einer Tabelle stellen wir die Glaubensinhalte stichwortartig noch einmal dar:

	Kern des Glaubens	biblische Inhalte	religiöses Wissen	Praxis	Erfahrungen
traditionelle Christen	Gott als höhere Macht; Nächstenliebe; Toleranz.	neutralisiert oder gleichgültig.	nicht vorhanden.	traditionelle Gepflogenheiten rückläufig.	Halt, Geborgenheit.
funktionale Christen	Nächstenliebe.	gleichgültig.	kaum vorhanden.	Sprechen über Grundfragen.	im Tun: Halt und Trost, Hoffnung und Resignation.
evangelikale Christen	'Leben mit Jesus'; ewiges Leben.	absolut gültige Wahrheiten.	zum Zweck der Bestätigung und Abgrenzung vorhanden.	umfangreich; Gebet im Zentrum.	Führung durch Gott; Gebetserhörungen; Gemeinschaftserfahrung.

4. Das Selbstverständnis der Kirchenvorsteher

Bei den nun folgenden Überlegungen kommt nicht nur das Selbstverständnis der Kirchenvorsteher zur Sprache, sondern eine Reihe weiterer Gesichtspunkte, die mit der Person und dem Amt des Kirchenvorstehers zusammenhängen. Im einzelnen sind von Bedeutung:

— Die Beweggründe, ein solches Amt zu übernehmen;

— die Frage der Eignung;

— die Kenntnis der Kirchenordnung;

— das Verständnis über die eigene Rolle als Kirchenvorsteher;

— die Art des kirchlichen Engagements;

— das Verhältnis zum Gemeindepfarrer;

— die Zusammenarbeit im Kirchenvorstand;

— die Themen und Probleme im Kirchenvorstand;

— Zielvorstellungen der Arbeit des Kirchenvorstandes.

Da die Situation in der Kirchengemeinde das Selbstverständnis der Kirchenvorsteher erheblich beeinflußt, gehen wir nun nach den einzelnen Typen von Kirchengemeinden vor. Eine differenziertere Darstellung ist ebenfalls dadurch gewährleistet.

Die historische Entwicklung des Kirchenvorstandes haben wir ja bereits kurz skizziert (siehe S 3f). Halten wir noch einmal fest: Früher widmeten sich ein und dieselben Personen kirchlichen und weltlichen Angelegenheiten zum Wohle des gesamten Gemeinwesens. In der Zusammensetzung des Kirchenvorstandes „spiegelt sich das gesellschaftliche Bewußtsein des Gemeinwesens wider, eine besondere Glaubensstärke dieser Männer war nicht maßgeblich" (Rendtorff, soziale Struktur, S. 38).

Die Hauptaufgaben des Kirchenvorstandes waren: Verwaltung des Eigentums der Kirche und Kontrolle der religiösen Versorgung des Gemeinwesens.

Wir werden sehen, in welchem Maß auch heute noch die historischen Einflüsse in den einzelnen Gemeindetypen anzutreffen sind.

Die überragende Stellung des Pfarrers in diesen Kirchengemeinden wirkt sich natürlich auch auf das Selbstverständnis der Kirchenvorsteher aus.

Wenn der Pfarrer mit seiner Person die Kirche darstellt und Anstöße für das Gemeindeleben in der Hauptsache von ihm ausgehen, kommt dem Kirchenvorstand eine nur untergeordnete Bedeutung zu.

Der Pfarrer könnte auch ohne den Kirchenvorstand seinen Dienst tun; der Kirchenvorstand wäre jedoch ohne den Pfarrer weitgehend orientierungslos und handlungsunfähig.

Außerdem besteht für die Mitglieder des Kirchenvorstandes kein wesentlicher Unterschied zwischen ihrer Zugehörigkeit zum Kirchenvorstand und zur Kirche.

Selten kommen die Kirchenvorsteher aus diesen Kirchengemeinden aus eigenem Antrieb zu ihrer Mitgliedschaft. Meistens spricht der Pfarrer „geeignete" (was das heißt, werden wir noch sehen) Personen an und veranlaßt sie zur Kandidatur; manchmal sind es auch andere Kirchenvorsteher, Arbeitskollegen oder sonstige kirchliche Mitarbeiter (Winter, Gemeindeleitung, S. 70f). Darin besteht in allen Kirchengemeinden kein nennenswerter Unterschied.

Für manche angesprochenen Kirchenmitglieder bedeutet die Mitarbeit im Kirchenvorstand eine Selbstverständlichkeit, aber in den überwiegenden Fällen ist es schwierig, jemanden zur Kandidatur zu bewegen.

Obwohl dem Kirchenvorstand nur eine geringe Eigenbedeutung zukommt, beeinflußt die Angst, möglicherweise nicht gewählt zu werden, die Bereitschaft zur Kandidatur; denn die Wahl gibt Aufschluß über das Ausmaß des öffentlichen Ansehens des einzelnen Kandidaten. Wenige Stimmen bedeuten geringes Ansehen und mangelndes Vertrauen von seiten der Gemeindeglieder.

Häufig fragen die Angesprochenen auch, welche Belastungen auf sie zukämen und wie ihre zeitliche Beanspruchung sei. Es herrscht Unsicherheit über die konkreten Anforderungen.

Maßgebend für die Bereitschaft, im Kirchenvorstand mitzuarbeiten, ist auch das persönliche Verhältnis zum Pfarrer. „Das will ich

Ihnen nicht abschlagen", sagte ein Gemeindeglied, vom Pfarrer auf die Kandidatur angesprochen.

Kaum jemand möchte aus persönlichem Ehrgeiz dieses Amt bekleiden. Es bestehen aber auch keine besonderen Erwartungen oder Befürchtungen hinsichtlich der Wahrnehmung dieses Amtes.

Seit der rechtlichen Trennung zwischen Kirchengemeinde und Zivilgemeinde hat die Bedeutung des Amtes abgenommen. Kein nennenswerter Zuwachs an öffentlichem Ansehen ist mehr mit diesem Amt verbunden, und der Eintritt in den Kirchenvorstand wird als wenig engagierter Vorgang empfunden.

In der Kirchengemeinde ist der Kirchenvorstand nur noch verborgen vorhanden (Lohse, Kontakte, S. 116).

Die Frage der Eignung zum Amt stellt sich auf dem Land überhaupt nicht. Eine „besondere Glaubensstärke" (Rendtorff) verlangt niemand.

Beispielhaft zur Frage der Eignung ist folgende Bemerkung eines Pfarrers zu einem Kandidaten: „Sie können das genauso wie jeder andere".

Im allgemeinen gelten als Voraussetzung nach wie vor bürgerliches Ansehen, gelegentlicher Gottesdienstbesuch oder persönlich guter Kontakt zum Pfarrer. Besondere Fähigkeiten (fachspezifisches Wissen) sind kaum erforderlich.

Durch den stetigen Rückgang der in der Landwirtschaft Tätigen ist heute sogar in manchen Kirchenvorständen kein Landwirt mehr vertreten. Früher stellten die reichsten Bauern im Ort, die zugleich auch das meiste Ansehen hatten, den Großteil der Kirchenvorsteher (vgl. Oberhessischer Studienkreis, Land, S. 80).

Die Kirchenordnung ist der Mehrheit der Kirchenvorsteher dem Inhalt nach unbekannt. Gelegentlich erläutert der Pfarrer die den Kirchenvorstand betreffenden Passagen in der Kirchenordnung nach einer Wahl. In der laufenden Amtszeit tritt die Arbeit mit der Kirchenordnung völlig in den Hintergrund. Nach Ansicht vieler Kirchenvorsteher erübrigt ein gutes Verhältnis zum Pfarrer die eigene Lektüre der Kirchenordnung. Daraus folgt, daß auch eine besondere Qualifikation der Kirchenvorsteher als überflüssig gilt.

Wie verstehen sich nun die Kirchenvorsteher in der Wahrnehmung ihres Amtes?

Honoratioren möchten die Kirchenvorsteher nicht mehr sein. Sie weigern sich immer häufiger, öffentlich als Repräsentanten der Kirche in Erscheinung zu treten, etwa einen besonderen Platz in der Kirche einzunehmen. Es dauert mitunter auch sehr lange, Kirchenvorsteher zur Mitgestaltung des Gottesdienstes zu bewegen.

Sie möchten in der Kirchengemeinde keine abgehobene Stellung oder gar eine Vorbildrolle zugewiesen bekommen, die zugleich nämlich auch eine entsprechende christliche Lebensführung beinhalten würde. Da der Bekanntheitsgrad in den ländlichen Gemeinwesen noch sehr hoch ist, besteht die Angst, ins Gerede zu kommen. Sehr schnell könnte zum Beispiel von einem Kirchenvorsteher gesagt werden: 'Der will was Besseres sein, der soll erst einmal vor seiner eigenen Haustür kehren.'

Die Kirchenvorsteher besuchen auch nicht jeden Sonntag den Gottesdienst; in der Regel etwas häufiger als vor ihrer Mitgliedschaft im Kirchenvorstand, aber auch nicht so oft, daß es auffallen könnte.

Sie betrachten den Besuch des Gottesdienstes überwiegend als private Angelegenheit und rechnen nur das Zählen der Kollekte zu ihrer Dienstverpflichtung.

Wenn die Kirchenvorsteher anfangen würden, Hausbesuche anstelle des Pfarrers zu machen, wären erstaunte Reaktionen und Unzufriedenheit bei den Gemeindegliedern die Folge.

Kirchenvorsteher sind keine Vertreter des Pfarrers, sie stellen keine kirchliche Obrigkeit dar. Nur die Besuche des Pfarrers gelten. Allenfalls akzeptiert man die Frau des Pfarrers als Vertretung in besonderen Fällen.

Vielfach sind auf dem Land ein- und dieselben Personen im Kirchenvorstand und in mehreren Vereinen tätig. Die Arbeit im Verein ist meistens wichtiger als die Mitgliedschaft im Kirchenvorstand. Der Verein bietet mehr Raum für Eigeninitiativen, die im Kirchenvorstand und in der Kirchengemeinde durch die Stellung des Pfarrers nicht möglich sind.

Der Austritt aus dem Kirchenvorstand wird aber nur selten erwogen. In der Regel sind Altersgründe oder eine spannungsgeladene Beziehung zum Pfarrer die Ursachen für den Austrittswunsch. Es schmerzt jedenfalls, nicht wiedergewählt zu werden, da mit der Wahl ja das Ansehen des Betreffenden zum Ausdruck kommt.

Eine persönlich gute Beziehung zum Pfarrer schätzen die Kirchenvorsteher am meisten. Dem Pfarrer als kirchlicher Obrigkeit, als Akademiker, als Fachmann für Theologie und Kirche wird Autorität zugeschrieben. Der Pfarrer hat es mit etwas zu tun, „was nicht alltäglich, was was Besonderes ist", wie sich ein Kirchenvorsteher ausdrückte.

Der Pfarrer verkörpert das Gesamte der Lebenswirklichkeit und soll „Bürge für Sinn und Wert, für gute Tradition und gute Zukunft sein" (Hild, stabil, S. 280). Je älter ein Kirchenvorsteher ist, desto stärker ist seine autoritative Bezogenheit zum Pfarrer (Winter, Gemeindeleitung, S. 132), sicherlich ein Überbleibsel des alten Standesdenkens.

Folgt man der heutigen Unterscheidung zwischen einer Autorität *durch das Amt* und einer Aurotität durch die *Funktion,* bestimmt die letztere die Art der persönlichen Beziehung zum Pfarrer. Verhält sich ein Pfarrer in seinem gesamten Verhalten partnerschaftlich und berücksichtigt die örtlichen Sitten und Bräuche, entwickelt sich normalerweise eine gute Beziehung. Das heißt nicht, daß dadurch die Distanz aufgehoben wird, die das Autoritätsgefälle mit sich bringt; verhält sich ein Pfarrer jedoch zu vertraut oder gar kumpelhaft (Duzen mit Kirchenvorstehern und Jugendlichen), kann man Äußerungen hören wie: „Das ist doch kein richtiger Pfarrer." Der Pfarrer verliert dadurch an Ansehen und Glaubwürdigkeit.

Von einer kirchlichen Obrigkeit erwartet man ein dem Stand einigermaßen entsprechendes Verhalten. Das gilt auch für die Familie des Pfarrers. Das Pfarrhaus ist etwas Besonderes. Alles ist außerordentlich interessant, was im Pfarrhaus passiert und wird aufmerksam registriert. Die Frau des Pfarrers kann sich diesem Rollendruck nicht entziehen und so tun, als ginge sie der Beruf ihres Mannes nichts an. In der anonymen Großstadt ist das eher möglich. Für die Familie des Pfarrers fallen also bereits bei der Wahl der Pfarrstelle nicht unwesentliche Entscheidungen. Die meisten Pfarrfamilien leiden unter dem Rollendruck deshalb, weil sie sich ihre Position nicht beizeiten deutlich genug bewußt gemacht haben.

Das alles darf nicht als alter Zopf beurteilt werden, der möglichst schnell abzuschneiden wäre. Zu viele Erwartungen, in Jahrhunderten verwurzelt, richten sich an die Person, das Amt und die Familie des Pfarrers, Erwartungen, die für den Rahmen des Lebensgefühls der

Kirchenmitglieder von Bedeutung sind (siehe auch K. 1.1).

Die Kirchenvorsteher halten es auch nicht für notwendig, über jede Neuerung in der Gemeindearbeit vom Pfarrer informiert zu werden, es sei denn, es erhebt sich Kritik aus dem Ort. In seinem Bereich des Pfarramtes hat der Pfarrer weitgehend freien Handlungsspielraum; bei Kritik jedoch von seiten der Gemeindeglieder nehmen die Kirchenvorsteher ihre ureigene Aufgabe wahr, als Vertreter und Vermittler der Anliegen der Gemeindeglieder zu wirken. Die Kirchenvorsteher leiten nicht zusammen mit dem Pfarrer die Gemeinde, sondern achten darauf, daß die Gemeinde durch den Pfarrer in befriedigender Weise religiös versorgt wird. Darin besteht ihre Hauptfunktion (siehe Winter, Gemeindeleitung, S. 100ff; Spiegel, Amt, S. 50; Lück, Kirchengemeinde, S. 57; Lohse, Kontakte, S. 113).

Zugleich achten die Kirchenvorsteher auch darauf, daß der Pfarrer seinen Zuständigkeitsbereich nicht überschreitet, sich zum Beispiel einseitig politisch betätigt oder sich in interne Belange örtlicher Vereine öffentlich einmischt (siehe oben K. 1.1).

Die Beziehung zum Pfarrer bestimmt in erster Linie auch die Zusammenarbeit in den Sitzungen des Kirchenvorstandes.

Ist ein Pfarrer offen für konstruktive Vorschläge und verkraftet kritische Anmerkungen, sind Schwierigkeiten und Konflikte im Kirchenvorstand ziemlich selten. Überhaupt ist der Schwellenwert für Konflikte im Kirchenvorstand hoch (Winter, Gemeindeleitung, S. 138). Zum einen mangelt es an Konfliktmöglichkeiten, zum anderen beeinflußt die christliche Norm der Brüder- und Schwesterlichkeit das Verhalten. Schließlich sind die sogenannten „Kosten" bei Kirchenvorstehern und Pfarrern unterschiedlich verteilt (der Begriff 'Kosten' heißt, die Bedeutung eines Konfliktes ist für einen Kirchenvorsteher in der Regel von geringerem persönlichen Bezug. Es lohnt sich daher nicht, sich gegen den Pfarrer oder andere Kirchenvorsteher engagiert durchzusetzen). Außerdem bildet die Sonderstellung des Pfarrer eine weitere Blockade, sich in einen Konfliktaustausch einzulassen.

Konflikte lassen sich jedoch nicht vermeiden, wenn ein Kirchenvorstand in sich durch konträre religiöse und auch politische Ansichten gespalten ist.

Wenn ein Kirchenvorstand aus traditionellen und evangelikalen

Mitgliedern besteht und der Pfarrer eine durch die sogenannte 'moderne Theologie' bestimmte Position vertritt, kommt es immer wieder zu Auseinandersetzungen über die biblische Orientierung in der Arbeit des Pfarrers. Für die gesamte Kirchengemeinde kann sich ein solcher Gegensatz störend, hemmend und äußerst unerquicklich auswirken.

Umgekehrt ergeben sich die gleichen Schwierigkeiten, wenn ein evangelikal ausgerichteter Pfarrer von den Kirchenvorstehern entsprechende Glaubensformen und Verhaltensweisen verlangt. Resignation auf beiden Seiten oder ein fauler Friede sind das Ergebnis. Häufig kommt es auch zu Verweigerungen der verschiedensten Art, zum Austritt aus dem Kirchenvorstand oder beim Pfarrer zum Wechsel der Kirchengemeinde.

Bisher fehlen Konfliktregelungsverfahren im Kirchenvorstand.

Ein Beispiel: Ein evangelikaler Kirchenvorsteher hatte seine Kinder aus dem Konfirmandenunterricht abgemeldet und zu einem anderen (evangelikalen) Pfarrer geschickt. Der Gemeindepfarrer mußte sich schon häufiger den Vorwurf mangelnder biblischer Orientierung gefallen lassen. In einer Sitzung des Kirchenvorstandes kam dieser Konflikt zur Sprache. Die anderen Kirchenvorsteher verhielten sich zurückhaltend, bis schließlich einer von ihnen bemerkte, daß durch diese „Trennungen" der gesamten Gemeinde Schaden zugefügt würde.

Dem Kirchenvorstand geht es also in erster Linie um die Einheit des Gemeinwesens. Auseinandersetzungen über den Glauben sind nicht ihre Angelegenheiten, sondern — historisch gesehen — die Sache des Pfarrers.

„Theologie ist etwas, was den Pfarrer ja allein mehr oder minder angeht und der Kirchenvorstand ja gar nicht mit verhackstücken kann" (siehe auch Lück, Kirchengemeinde, S. 57; Spiegel, Amt, S. 62f; Winter, Gemeindeleitung, S. 106f).

Wenn allerdings Kontroversen über Fragen des Glaubens auftauchen, befinden sich die traditionellen Christen unter den Kirchenvorstehern gegenüber den evangelikalen Christen in der Regel im Hintertreffen. Zum Beispiel schlägt ein evangelikaler Kirchenvorsteher vor, in der Kirchengemeinde eine Evangelisation mit bestimmten 'Erweckungspredigern' zu veranstalten. Die traditionellen Christen unter den Kirchenvorstehern wagen kaum, dagegen zu opponieren, obwohl sie im Grund eine derartige Veranstaltung ablehnen. Die offene oder heimliche Norm in der Kirche ist nämlich das Frömmigkeitsprofil der Evangelikalen, das bei den traditionellen Christen immer wieder zu einem unbehaglichen Gefühl oder einem schlechten Gewissen führt.

Es gilt also, die Inhalte des traditionellen Christseins (Gottesglaube, Nächstenliebe, Toleranz) als eigenständiges und tragendes Fundament zu fördern und das Selbstbewußtsein der traditionellen Christen zu stärken.

Insgesamt jedoch spielen theologische Fragen im Kirchenvorstand keine nennenswerte Rolle. Neben der beschriebenen Kontrollfunktion dem Pfarrer gegenüber bilden Verwaltungsangelegenheiten die Thematik in der Arbeit des Kirchenvorstandes. Viele Kirchenvorsteher beklagen hierbei die Fremdbestimmung von seiten der Kirchenverwaltung. Sie sehen sich in ihrer Zuständigkeit zu sehr eingeschränkt und werfen der Kirchenverwaltung unzureichende Kenntnisse der Verhältnisse an der „Basis" vor: „Warum vergeuden wir diese Zeit, wenn doch nicht das rauskommt, was wir uns vorstellen."

Aus diesem Grund fühlen sich die Kirchenvorsteher oft „überflüssig" und „mißbraucht" (Winter, Gemeindeleitung, S. 105). Das mindert natürlich den niedrigen Stellenwert des Amtes noch weiter.

Die Frage der Macht ist bisher in der Kirche ein Tabu und wird mit Formulierungen wie „brüderliches Einvernehmen" oder „gegenseitiges Dienen" verschleiert.

In Verwaltungsangelegenheiten von der Kirchenverwaltung abhängig zu sein, gilt aber auch für den Pfarrer und wirkt sich daher nicht grundlegend auf das Selbstverständnis der Kirchenvorsteher aus. Für ihr Wohlbefinden ist die persönliche Beziehung zum Pfarrer von weit größerer Bedeutung.

Zwangloses Beisammensein nach einer Sitzung und Gemeinschaftserlebnisse wie Ausflüge und Freizeiten fördern den Zusammenhalt.

Zielvorstellungen hinsichtlich der Arbeit des Kirchenvorstandes werden nur selten laut. Eine theologische Bildung entspricht nicht den Bedürfnissen der Kirchenvorsteher; hingegen stoßen Fragen der Bewältigung von Lebenskrisen auf mehr Resonanz.

4.2. Kirchenvorsteher in der Kirchengemeinde der Kleinstadt

Auch hinsichtlich des Selbstverständnisses der Kirchenvorsteher gleichen in vielem die Verhältnisse in der Kleinstadt denen auf dem Land.

In der Kleinstadt begegnet uns eher noch ein Kirchenvorstand, der Züge eines Honoratiorenclubs trägt, und für manchen, der als Zugezogener neu hineingewählt wird, ist es schwer, sich darin zu behaupten.

„Honoratioren" werden auch von Gemeindegliedern angesprochen; denn da in der Kleinstadt Status und Standesdenken noch ziemlich ausgeprägt sind, fällt mitunter die Kontaktaufnahme mit einem Kirchenvorsteher leichter als direkt mit dem Pfarrer.

Dem Kirchenvorstand kommt in der Kleinstadt eine öffentlich anerkannte Vermittlungsfunktion zu.

Die Kirchenvorsteher selbst verstehen sich als gleichberechtigte Partner gegenüber den Vorständen kommunaler Gremien und denen der Vereine. Alle diese Vorstände kirchlicher und 'weltlicher' Art leisten einen wesentlichen Beitrag, das Gemeinwesen als Einheit zu begreifen, wobei der Kirchenvorstand besonders für die Beachtung christlicher Grundsätze sorgt.

In der Kleinstadt gilt schon eher der Kirchenvorstand als Vertreter der kirchlichen Öffentlichkeit. Das Amt ist mit bürgerlichem Ansehen verbunden, und der Besuch des Gottesdienstes gehört vielfach als selbstverständlich zum kirchlichen Dienst dazu.

Gegenüber dem Kirchenvorstand auf dem Land trägt der Kirchenvorstand in der Kleinstadt mehr Gruppencharakter. Freizeiten des Kirchenvorstandes lassen sich noch eher als auf dem Land organisieren, da Landwirte als Kirchenvorsteher kaum abkömmlich sind.

Vielfach gliedert sich die Arbeit des Kirchenvorstandes auch in Ausschüssen auf; spezifische Fachkenntnisse werden mitunter deshalb erwartet.

Häufig gehört zu den Aufgaben der Kirchenvorsteher auch der Besuch von Gemeindegliedern. Der Pfarrer geht in der Regel nur zu besonderen Anlässen in die Familien. Da zu einer Kirchengemeinde etwa durchschnittlich 3000 Gemeindeglieder gehören, ist der Pfarrer in seinem Besuchsdienst auch auf die Mithilfe von Kirchenvorstehern angewiesen. Die Gemeindeglieder akzeptieren das auch immer mehr, da die Kirchenvorsteher im Gemeinwesen etwas gelten.

Das Wohlbefinden der Kirchenvorsteher hängt nicht ausschließlich von der Beziehung zum Pfarrer ab. Ein nicht genehmer Pfarrer kann durch die Gesamtheit des Kirchenvorstandes eher zum Wechsel genötigt werden als in der Landgemeinde. Für den Pfarrer gilt aber auch hier: Seine Position als erster Repräsentant der Kirche ist allgemein anerkannt.

Die Zusammenarbeit im Kirchenvorstand ist durch eine rege Beteiligung der Männer gekennzeichnet; die Frauen verhalten sich in diesem „Honoratiorenclub" ihrer angestammten Rolle nach oft noch mehr passiv. Die anfallenden Arbeiten außerhalb der Sitzungen verrichten aber mehrheitlich die Frauen, nicht nur wegen ihrer zeitlichen Möglichkeiten, sondern weil hier und da unterschwellig noch das Herren-Diener-Verhältnis zwischen Männern und Frauen nachwirkt.

Zu gravierenden Konflikten im Kirchenvorstand kommt es nur selten.

Die Thematik wird auch von Verwaltungsangelegenheiten bestimmt. Vielfach spielt die Abklärung kirchlicher Grundpositionen im Gemeinwesen der Kleinstadt eine wesentliche Rolle, zum Beispiel das Verhältnis Kirche-Jugend, Kirche-politische Gremien, Kirche-Vereine. Als Zielvorstellung schwebt dem Kirchenvorstand eine christliche Durchdringung des gesamten Gemeinwesens vor, so wie es die ursprüngliche Aufgabe des Kirchenvorstandes auch war.

4.3. Kirchenvorsteher in der Großstadt

In der Anonymität der Großstadt geschieht es häufiger, daß ein Kirchenmitglied von sich aus den Kontakt zum Pfarrer aufnimmt und dann auch bereit ist, im Kirchenvorstand mitzuarbeiten.

Solche Kirchenmitglieder möchten gern im Rahmen der Kirche etwas Sinnvolles tun und suchen zugleich Kontakt in einer kirchlichen Gemeinschaft.

Oft hat auch ein Laie den Vorsitz im Kirchenvorstand inne. Da in einer Kirchengemeinde in der Regel mehrere Pfarrer sind, wird durch einen Laien als Vorsitzenden einerseits die Kontinuität der Arbeit gewährleistet, andererseits vermeidet man dadurch unnötige Rivalitäten unter den Pfarrern.

Jedoch gerät der Laie als Vorsitzender leicht in die Rolle eines „Ersatzpfarrers" (was die Pfarrerzentriertheit in der Volkskirche unterstreicht). Ein eigenständiges, dem Pfarrer nebengeordnetes Laienpriestertum existiert nach wie vor nicht. Gegenwärtig gibt es auch wenig Anzeichen für eine derartige Entwicklung. Das öffentliche Ansehen des Pfarrers hat im Gegenteil in der letzten Zeit zugenommen (siehe Dahm, Stabilität, S. 458ff; derselbe, Pfarrhaus, S. 224ff).

Die Gemeindeglieder messen das Engagement eines Laien an der Rolle des Pfarrers. Das gilt auch für Lektoren und Prädikanten als zum Teil notdürftigen Ersatz des Pfarrers.

In der Großstadtgemeinde ist der Kirchenvorstand kein Honoratiorenclub. Er stellt vielmehr eine Art Arbeitsgemeinschaft dar, bestehend aus unterschiedlichen Fachleuten, die versuchen, innerhalb der anonymen Menge der Kirchenmitglieder, Gemeinde in Form von Gemeinschaftszellen zu bilden.

Der Kirchenvorstand bemüht sich daher ständig um Kreise, Projekte, um eine größere Teilnehmerzahl im Gottesdienst.

Fast alle Kirchenvorsteher nehmen selbst an einem oder mehreren Gemeindekreisen teil und besuchen auch ziemlich regelmäßig den Gottesdienst.

Der Betätigungsspielraum eines Kirchenvorstehers ist überhaupt ziemlich groß, da nur selten die Gesamtheit der Gemeindeglieder mit ihren vielfältigen Anliegen und Problemen ausreichend betreut werden kann.

Außerhalb der Kirchengemeinde sind die Kirchenvorsteher nur vereinzelt in anderen Gremien oder Vereinen tätig. Ihnen genügt das kirchliche Engagement.

Zu dem Pfarrer gestaltet sich auch die Beziehung etwas anders als auf dem Land oder in der Kleinstadt. Die Kirchenvorsteher sind häufig mit einem Pfarrer per Du und pflegen auch familiäre Kontakte untereinander. Diese Vertrautheit führt kaum zu negativen öffentlichen Auswirkungen und beeinträchtigt auch nicht die Stellung des Pfarrers.

Demnach findet die Zusammenarbeit im Kirchenvorstand im kollegialen Stil statt. Konflikte ergeben sich selten. Großen Wert legen die Kirchenvorsteher auf Gemeinschaftserfahrungen; das heißt, sie betrachten die Sitzungen selbst vorwiegend unter dem Gesichtspunkt der Gemeinschaft unter Einbeziehung von themafremden Alltagserfahrungen. Dies kann hin und wieder zu Konflikten führen, da die Pfarrer mehr Wert auf eine zügige und effektive Abwicklung der Tagesordnungspunkte legen (Winter, Gemeindeleitung, S. 121).

Doch nicht nur die Gemeinschaft innerhalb des Kirchenvorstandes ist von erheblichem Gewicht, sondern auch die Beziehungen zu den anderen kirchlichen Mitarbeitern.

Bormann-Heischkeil (Organisation, S. 152f) bezeichnen den Pfarrer als „Informationsspitze" und „Artikulationspunkt" in der Kirchengemeinde, das heißt, der Pfarrer erhält als Zentrum der Kirchengemeinde allein von verschiedenen Seiten Informationen und setzt dieses Wissen gezielt in den verschiedenen kirchlichen Kreisen und Gremien ein.

Solche Begriffsbestimmungen sind nur vor dem Hintergrund städtischer Verhältnisse in sich stimmig und setzen mangelnde Kontakte zwischen allen kirchlichen Mitarbeitern voraus.

Verwaltungsangelegenheiten bestimmen ebenfalls die Thematik der Sitzungen. Wenn jedoch Ausschüsse eigenständig arbeiten, kommen im Gesamtkirchenvorstand auch Themen zur Sprache, die in der Arbeit der Pfarrer von Bedeutung sind, wie Fragen des Konfirmandenunterrichtes, der Jugendarbeit, des Gottesdienstes.

Theologische Fragen spielen nur am Rand eine Rolle. Verstärkt befaßt sich der Kirchenvorstand mit sozialen Problemen, die sich im Rahmen einer Großstadt verdichten und an denen eine Kirchengemeinde nicht vorübergehen kann, will sie einen bergenden Raum für viele anbieten, in dem man akzeptiert wird und Hilfe erfährt. In dem sozialen Engagement verdeutlicht sich ebenfalls die ursprüngliche Verantwortung des Kirchenvorstandes für das gesamte Gemeinwesen.

4.4. Kirchenvorsteher in der Kirchengemeinde am Stadtrand mit altem Ortskern

In dem Kirchenvorstand prallen unterschiedliche Vorstellungen aufeinander, wie das Leben in der Kirchengemeinde gestaltet werden sollte.

Einerseits kommen aus dem alten Ortskern Kirchenvorsteher, die ein Bild von Kirche haben, wie es auf dem Land verbreitet ist, andererseits beurteilen zugezogene Kirchenmitglieder als Kirchenvorsteher das Leben in der Kirchengemeinde unter großstädtischen Gesichtspunkten mit dem Ziel von Aktionsgemeinschaften, Neuerungen im Gottesdienst, sozialen Projekten, Geselligkeitskreisen oder theologischen Zirkeln.

Der Wunsch nach Bewegung trifft auf die Vorstellung von Ruhe und Bewahrung.

Das führt zu Auseinandersetzungen und Konflikten. Die Kirchenvorsteher aus dem alten Ortskern möchten eine Kirche in der überkommenen vertrauten Gestalt; ihr Engagement gleicht auch dem der Kirchenvorsteher auf dem Land, das heißt, er beschränkt sich auf sporadischen Gottesdienstbesuch und gelegentlichem Mitwirken in bestehenden Kreisen. Skeptisch betrachten diese Kirchenvorsteher die Initiativen der anderen, die für ein soziales Engagement, Umweltprojekte u.s.w. eintreten, selbst auch aktiv mitarbeiten wollen und Wert auf sichtbare Erfolge der Arbeit legen.

Diese Spannung wirkt sich natürlich auch auf die Beziehung zum Pfarrer aus. Während die einen (aus dem alten Ortskern) dem Pfarrer den überkommenen Autoritätsbonus zubilligen und sich unterordnend verhalten, erwarten die anderen in dem Pfarrer einen auf die konkreten Aufgaben konzentrierten und kollegialen Mitarbeiter.

Der Pfarrer hat es in solchen Kirchengemeinden nicht leicht, muß er doch mit viel Fingerspitzengefühl vermittelnd und delegierend tätig sein und möglichst viele Gespräche und Gemeinschaftserlebnisse zwischen diesen beiden Gruppierungen im Kirchenvorstand zuwege bringen.

Nur mit Hilfe intensiver Kontakte innerhalb des Kirchenvorstandes und zu den anderen kirchlichen Mitarbeitern kann sich eine Kirchengemeinde dieser Art ohne größere Probleme wandeln.

In den Sitzungen neigen die Kirchenvorsteher aus dem alten Ortskern dazu, sich passiv zu verhalten und einer offenen Konfliktaustragung aus dem Weg zu gehen. Oberflächlich höflich geht man miteinander um und kann nur mühsam Ärger, Enttäuschung und Resignation verbergen. Oft führt dies zur Isolation einzelner Kirchenvorsteher. Ein Vertrauensverhältnis innerhalb des Kirchenvorstandes entwickelt sich nur langsam.

4.5. Kirchenvorsteher in der neuen Kirchengemeinde am Stadtrand

In solch einer Kirchengemeinde mit der geschilderten Problemstruktur ist ein Kirchenvorsteher, der sich auf die Teilnahme an den Sitzungen beschränkt, nicht gefragt. „Es wird einfach verlangt, wenn man in diesem Kirchenvorstand ist, daß man in irgendeiner Form aktiv wird." Diese Erwartung an rege Mitarbeit in der Kirchengemeinde hat auch ein umfangreiches Engagement der Kirchenvorsteher zur Folge, zum Beispiel Leitung von Projekten, Mitwirken in der Jugendarbeit oder Nachbarschaftshilfe.

Die Kirchenvorsteher verstehen sich als Mitarbeiter des Pfarrers, wenn auch öffentliches Ansehen mit dem Amt kaum verbunden ist.

Oft beklagen die Kirchenvorsteher ihre mangelnde Qualifikation auf psychologischem und sozialpsychologischem Gebiet. Mit derartigen Kenntnissen und Fähigkeiten könnten sie am ehesten eine wirkungsvolle Stütze des Pfarrers sein.

Ihr Wohlbefinden richtet sich im wesentlichen nach dem Erfolg ihrer Arbeit. Höhepunkte und Tiefpunkte im Stimmungsbarometer wechseln sich ab. Hinzu kommt der Zeitmangel vieler Kirchenvorsteher (siehe auch Winter, Gemeindeleitung, S. 117f). Auf dem Land oder in der Kleinstadt spielt der Faktor Zeit für Kirchenvorsteher kaum eine Rolle.

Mitunter haben die Kirchenvorsteher in dieser Kirchengemeinde ein schlechtes Gewissen, sich nicht noch mehr engagieren zu können, um den Pfarrer als oftmals einzig Hauptamtlichen zu entlasten.

Zusammen mit den anderen Mitarbeitern fühlen sich die Kirchenvorsteher als Kern der Kirchengemeinde, während die übrigen Kirchenmitglieder passive Empfänger von Hilfeleistungen seitens dieses Kerns sind.

Wir erwähnten bereits, daß dem Gottesdienst keine zentrale Bedeutung zukommt. Die Kirchenvorsteher selbst besuchen ihn auch nur gelegentlich und ausschließlich unter dem Gesichtspunkt des persönlichen Bedürfnisses. Darin verhalten sie sich wie die Kirchenvorsteher auf dem Land.

Immer häufiger wählt man einen Laien als Vorsitzenden (wie in der Großstadt). Dadurch wird der Pfarrer auch von Verwaltungsangelegenheiten etwas entlastet und kann sich sozialen und seelsorgerlichen Anforderungen widmen. Außerdem gestaltet sich bei einem Laien als Vorsitzenden die Zusammenarbeit in der Regel als sehr partnerschaftlich.

Der Pfarrer gilt als Vorbild des kirchlichen Engagements. Mit seinem Arbeitseinsatz regt er die anderen Mitarbeiter ihrerseits an.

Sehr lebendig ist die Zusammenarbeit in den Sitzungen. Die Amtsautorität des Pfarrers spielt so gut wie keine Rolle; entscheidend ist die Qualität und das Ausmaß seiner Arbeit.

Entscheidungen werden in den Sitzungen auf demokratischem Wege getroffen. Bedingt durch unterschiedliche Ansichten über die zu leistende Arbeit kann es hin und wieder zu Konflikten kommen, zumal viele Kirchenvorsteher eine funktionale christlich-kirchliche Bindung erfahren haben. Funktionale Christen äußern sich ungezwungener dem Pfarrer gegenüber und scheuen auch nicht vor offener Kritik zurück. Die Sitzungen verlaufen infolgedessen oft hektisch.

Verwaltungsangelegenheiten nehmen zwar auch in diesem Kirchenvorstand einen breiten Raum ein, aber in ihrer Bedeutung rangieren sie hinter Grundsatzfragen der Gemeindearbeit mit den sich daraus ergebenden Zielsetzungen.

Theologische Probleme spielen in den Sitzungen keine Rolle; der praktische Dienst am Mitmenschen steht im Mittelpunkt.

Daraus ergeben sich für die Kirchenvorsteher auch die Ziele der Arbeit: Eine öffentlich sichtbare Kirche mit vielen Gemeinschafts- und Hilfsangeboten.

4.6. Kirchenvorsteher in der Kirchengemeinde pietistischer Prägung

Die Kirchenvorsteher dieser Kirchengemeinde verstehen ihr Amt als ein geistliches und fühlen sich von der Gemeinde zu diesem Amt berufen.

Sie möchten das geistliche Leben in der Kirchengemeinde erhalten, fördern und vor 'weltlichen' Einflüssen bewahren. Deshalb gehört zu ihrem geistlichen Auftrag, sich für das „Heil" der Gemeindeglieder verantwortlich einzusetzen. Sie achten darauf, daß alle Gemeindeglieder mit dem „Wort Gottes konfrontiert werden". Bei einem Versäumnis dieser Pflicht würde Gott sie deshalb einmal zur Rechenschaft ziehen.

Die Kirchenvorsteher engagieren sich in vielfältiger Weise, übernehmen die Leitung von Bibelstunden oder Jugendgruppen, arbeiten im Kindergottesdienst mit u.s.w. Mit dem Amt des Kirchenvorstehers ist ein Zuwachs an öffentlichem Ansehen verbunden.

Die geistliche Leitung der Kirchenvorsteher bezieht sich auch auf sittliches und moralisches Verhalten der Gemeindeglieder. Die heutigen Ausschweifungen der Jugend sind verpönt.

Die Kirchenvorsteher wollen die von ihnen vertretene Frömmigkeit im ganzen Gemeinwesen zur Geltung verhelfen. Darin entsprechen sie ebenfalls ihrem historisch überkommenen Auftrag.

Der regelmäßige Besuch des Gottesdienstes ist für sie selbstverständlich, ja fraglose Verpflichtung. Sie kontrollieren sich hierbei gegenseitig. Es ist so, „daß einer auf den andern ein bißchen aufpaßt, also nicht im aufpasserischen Sinn, sondern sich um ihn müht.“

Der Pfarrer sollte vorbildlicher Repräsentant der in dieser Kirchengemeinde herrschenden Frömmigkeit sein. Er muß „biblisch fundiert“ predigen und sich noch mehr als die Kirchenvorsteher für das geistliche Heil der Gemeindeglieder einsetzen. Hierbei verhält sich ein Pfarrer im insgeheimen bewundernswert, wenn er nicht seinen gesamten Urlaub in Anspruch nimmt und Tag und Nacht ansprechbar ist. Der Pfarrer soll „Zeuge und Bürge des geistlichen Lebens, Vorbild der 'Gottseligkeit' sein“ (Schmidt, RGG V, Art. Pietismus, Sp. 377). Aufgrund dessen muß sich ein Pfarrer auch ständig gefallen lassen, auf seine Rechtgläubigkeit hin kontrolliert zu werden.

Vertritt er eine andere theologische Auffassung (das kommt hin und wieder auch vor), setzt man ihn unter Druck. Er kann sich nach außen hin dem Sprachstil der Frömmigkeitsstruktur bedienen und Sprachhülsen verwenden wie „Jesus ist Sieger“, „du mußt dich für Jesus entscheiden“, „die Sünde darf man nicht verharmlosen“, „die Bibel macht klare Aussagen“, „entweder das reine Evanglium oder der Zeitgeist“ u.s.w. Solche Formulierungen sind Anzeichen von Rechtgläubigkeit. Diese Sprachhülsen können aber auch anders interpretiert werden, wie der Verfasser selbst einmal erfolgreich in einer Bibelstunde durchexerzierte und eine historisch-kritische Auslegung eines Bibeltextes rückhaltlosen Anklang fand.

Wenn der Pfarrer allerdings den Entscheidungscharakter in seiner Verkündigung vermissen läßt und mehr auf Alltagsprobleme der Gemeindeglieder eingeht, fehlt dann das „Eigentliche" in seinen Predigten (eben die Betonung der Entscheidung und der Heiligung). Evangelikale Kirchenvorsteher, die in allen Kirchengemeinden anzutreffen sind, machen dem Pfarrer manchmal das Leben schwer. Grundsätzlich positiv ist aber anzumerken, daß durch sie immer wieder der Anstoß erfolgt, sich mit geistlichen Fragen auseinanderzusetzen.

In der Zusammenarbeit des Kirchenvorstandes herrscht das Ideal der brüderlichen und schwesterlichen Gemeinschaft. Alle Fragen und Probleme werden in „brüderlicher Fairneß" behandelt. Ernsthafte Spannungen oder Konflikte darf es nicht geben.

Entscheidungen werden fast immer einstimmig getroffen. Der Kirchenvorstand „ist kein Exerzierplatz für Demokratie, für Mehrheitsentscheidungen". Als Leitlinie gilt: Nach dem Erwägen des Für und Wider und unter Gebet und der Leitung des heiligen Geistes (wie das geschieht, bleibt rätselhaft) wird die richtige Entscheidung getroffen.

Bei diesem Verfahren, die Wahrheit zu finden, unterdrückt man Spannungen und kontroverse Meinungen. Ist eine Entscheidung einmal gefallen, muß sie auch von allen Kirchenvorstehern akzeptiert werden, da sie ja mit dem Willen Gottes übereinstimmt.

Die Thematik in den Sitzungen unterscheidet sich kaum von den in den anderen Kirchenvorständen, ist jedoch in der Regel von Bibellese und Gebetsgemeinschaft eingerahmt.

Als ständiges Ziel der Arbeit steht dem Kirchenvorstand eine Kirchengemeinde vor Augen, in der keine moralischen und sittlichen Verfehlungen mehr vorkommen und alle Kirchenmitglieder mit ihrer Glaubensüberzeugung fest in den „Wirren der Endzeit" bestehen können.

4.7. Zusammenfassung

Thesenartig listen wir noch einmal die wichtigsten Ergebnisse zum Amt des Kirchenvorstehers auf:

— Das Selbstverständnis der Kirchenvorsteher wird weitgehend von historisch überlieferten Gegebenheiten bestimmt;

- von der Situation in jeder Kirchengemeinde leiten sich genauere Anforderungen an das Amt des Kirchenvorstehers ab;

- der Beziehung zum Pfarrer kommt die entscheidende Bedeutung für das Wohlbefinden der Kirchenvorsteher zu;

- der Stellenwert des Amtes steigt im Bewußtsein der Kirchenvorsteher mit zunehmendem eigenen Engagement;

- ein Kirchenvorstand mit Gruppencharakter (Gemeinschaftserlebnisse) gewinnt an Eigenwert und verhindert Isolationstendenzen;

- theologische Fragen und Probleme spielen in der Thematik der Arbeit kaum eine Rolle; dafür ist der Pfarrer als Fachmann zuständig;

- gewünscht werden die Behandlung von Fragen und Problemen, die Sinn und Orientierung für den Alltag vermitteln;

- die Kenntnis der Kirchenordnung ist insgesamt mangelhaft;

- ein eigenständiges Laienpriestertum gibt es nicht; das Amt des Kirchenvorstehers ist eindeutig ein dem Pfarrer nachgeordnetes;

- eigenen hohen Erwartungen an das Amt begegnen wir nur selten;

- der Wunsch, den Kirchenvorstand zu verlassen, beruht im wesentlichen auf Spannungen mit dem Pfarrer.

5. Die Einstellung zur Institution Kirche

Das Verständnis von Kirche ist sehr vielseitig und vieldeutig (siehe Dienel, Soziologie, Art. Kirche, Sp. 537–539).

Mit vorfindlich-soziologischen Betrachtungsweisen vermischen sich auf seiten der Kirchenmitglieder auch theologische Gesichtspunkte.

Für die Mehrheit der Kirchenmitglieder allerdings ist die Kirche ein konturenloses, verschwommenes Gebilde (vgl. Hild, stabil, S. 264f; Kehrer, Industriearbeiter, S. 116).

In einzelnen Aussagen wird deutlich, wie sehr die Kirche unter dem Blickwinkel der eigenen Kirchengemeinde gesehen wird, und zwar überwiegend von den Erfahrungen der Kinder- und Jugendzeit her.

Vor allem beeinflußt die Person des Pfarrers die Einstellung zur Kirche.

Drei Gesichtspunkte wollen wir bei den folgenden Darlegungen berücksichtigen:

— Der Eindruck von der Kirche insgesamt, von ihren Aufgaben und ihrer Arbeit;

— das Verhältnis von Kirche und Politik;

— die Zukunft der Kirche.

5.1. Die Einstellung zur Kirche bei den traditionellen Christen

In differenzierter Weise sich zur Kirche insgesamt zu äußern, bedeutet für diese Kirchenmitglieder schlichtweg eine Überforderung.

Kirche ist in erster Linie ihre Kirchengemeinde in der überkommenen vertrauten Gestalt. Die Trennung zwischen Kirchengemeinde, Landeskirche und EKD (Evangelische Kirche in Deutschland) rückt kaum ins Bewußtsein. Auch ein theologisches Verständnis von Kirche begegnet uns kaum.

Es stimmt nicht, wenn Winter (Gemeindeleitung, S. 150) für die Kirchenvorsteher feststellt: ,,Die Problematik der eng mit dem öffentlichen Rechtsstatus verbundenen volkskirchlichen Struktur ist den Ältesten aus den Problemzusammenhängen ihrer eigenen Erfahrungsbereiche vertraut". Die Volkskirche stellt sich selbst für die Kirchenvorsteher unter den traditionellen Christen als nebulos dar.

Grundsätzlich bejahen diese Kirchenmitglieder die Kirche, die ihnen in Gestalt des Ortspfarrers begegnet. Das schließt Kritik am Verhalten des Pfarrers nicht aus. Zu rasche Veränderungen der vertrauten Gestalt wünschen diese Christen nicht. Sie sehen in der Kirche eine „verhaltensstabilisierende Institution" (Marsch, Institution, S. 126), die durch ihr Vorhandensein in den überkommenen Formen die Ordnung des Lebens garantiert.

Amtshandlungen, Seelsorge und soziale Dienste stehen an der Spitze der Erwartungen an die Kirche (Hild, stabil, S. 210). Sie sollte sich auch bemühen, die christliche Lehre auf die heutigen Alltagsprobleme zugeschnitten zu verdeutlichen. Konkret heißt das: Der Pfarrer sollte intensiven Kontakt mit den Gemeindegliedern pflegen und im Gottesdienst ihre Erfahrungen mit den damit verbundenen Problemen, Hoffnungen und Selbstverständlichkeiten aufnehmen.

Nur auf diesem Weg kann dem Eindruck gewehrt werden, daß der Gottesdienst „als etwas Fremdes, Nicht-Persönliches und Nicht-Gemeinschaftliches empfunden" wird (Feige, Erfahrungen, S. 9). Der Gottesdienst hat den Stellenwert einer allgemeinen seelsorgerlichen Funktion, in die die Verkündigung des Wortes Gottes eher vorsichtig als vollmundig einzubetten ist.

Wenn sich der Gottesdienstbesucher in seinen Lebensbezügen nicht angesprochen fühlt, rauscht jede noch so richtige theologische Erkenntnis an seinen Ohren vorbei.

Veränderungen in der Gestalt des Gottesdienstes sollten sich nur in kleinen Schritten vollziehen, begleitet von vielen Gesprächen mit Gemeindegliedern.

Während die Kirchenmitglieder die persönliche Zuwendung der Kirche (in der Person des Pfarrers) begrüßen, werden einige weitere Punkte immer wieder kritisiert: Einmal die Sorge um die Jugend. „Die Kirche tut so wenig für die Jugend", heißt es häufig, zumal diese sich so wenig im sonntäglichen Gottesdienst blicken ließe.

Offensichtlich übertragen die Kirchenmitglieder hierbei auch eigene Schwierigkeiten mit den Jugendlichen auf die Kirche; Schwierigkeiten mit dem Lebensstil der Jugendlichen und ihren so anders ausgerichteten Interessen. Sie befürchten, daß die Distanz der Jugend zum Elternhaus und zur Kirche eine Auflösung der Einheit des Gemeinwesens nach sich ziehen könnte. Die Kirche sollte ihren gemeinschaftsstiftenden Einfluß geltend machen, mit dem die Kirchenmitglieder selbst als Eltern ihre Probleme haben.

Immer gewinnt ein Pfarrer an Ansehen, wenn er sich um die Jugend müht, sie nicht nur in ihrem Verhalten bestätigt, nicht nur mit ihnen feiert, sondern auch etwas zustandebringt, das dem ganzen Gemeinwesen zugutekommt, zum Beispiel in Form von Aktionen, die im weitesten Sinn die Gemeinschaft im Gemeinwesen fördern.

Gelegentlich wird auch der Gedanke geäußert, daß von der Kirchlichkeit der Jugend die Zukunft der Kirche selbst abhänge. Doch diese Sorge ist vielfach unbegründet; denn an der selbstverständlichen Mitgliedschaft der Jugendlichen in der Kirche ändert sich kaum etwas, wenngleich die Tradition nicht mehr alleinige Stütze der Kirchenmitgliedschaft ist und die Zahl der funktionalen Christen in den nächsten Jahren zunehmen wird (vgl. Feige, Erfahrungen, S. 47 und 129). Aber allen soziologisch begründeten negativen Voraussagen zum Trotz hat sich an der Stabilität der Volkskirche bisher nichts gewandelt. Diejenigen elf Prozent der jugendlichen Kirchenmitglieder, für die der Kirchenaustritt nur noch eine Frage der Zeit ist (Feige, Erfahrungen, S. 386), werden diesen Schritt erfahrungsgemäß nur zu einem geringen Bruchteil vollziehen.

Der „lautlose Abschied von der Kirche" (Hild, stabil, S. 7) ist nicht in dem Maß eingetreten, wie das bereits vor zehn Jahren angekündigt wurde (siehe Hild, stabil, S. 114; Dahm, Stabilität, S. 485ff).

Je mehr die Kirche es schafft, christliche Werte und Verhaltensweisen in der heutigen Gesellschaft plausibel zu machen und damit Orientierungshilfen anbietet, desto unentbehrlicher wird ihr Vorhandensein sein.

Begleitung und *Orientierung* durch die Kirche bilden die Basis ihrer Existenz als Volkskirche (Dahm, Pfarrer, S. 116ff).

Die einzelnen Kirchenmitglieder fühlen sich heute überfordert, sich selbst mit den vielfältigen, relativierten und widersprüchlichen Wertvorstellungen und Verhaltensmustern auseinanderzusetzen. Die Götzen Technik und Wissenschaft, Wohlstand und Fortschritt werden immer fragwürdiger. Was soll gelten? Die Kirche ist gefordert. Krisenzeiten sind Chancen der Kirche.

Für die überwiegende Mehrheit der traditionellen Christen kommt ein Austritt aus der Kirche nie in Betracht.

Sie sind Mitglieder der Kirche wie Bürger der Bundesrepublik.

Ein heißes Eisen ist inzwischen das Verhältnis zwischen *Kirche und Politik* geworden.

Auch der Begriff 'Politik' ist vieldeutig. Weit gefaßt kann man den Gesamtzusammenhang aller Lebensumstände darunter verstehen. Insofern handelt auch die Kirche immer politisch.

Im engeren Sinn unterscheiden wir zwischen einer Politik, die sich sozialen Angelegenheiten widmet und den übrigen politischen und parteipolitischen Aufgaben.

Anhand dieser Differenzierung läßt sich die Einstellung der Kirchenmitglieder am anschaulichsten darstellen. Ein parteipolitisches Engagement der Kirche und ihrer Pfarrer lehnen die traditionellen Christen übereinstimmend ab. ,,Alle Parteien gehen in die Kirche. Die wollen doch in der Kirche nicht (partei)politische Meinungen ausgetragen haben, sondern die wollen das Wort Gottes erläutert haben." Um diese beispielhafte Meinung in ihrer Aussage richtig zu verstehen, müssen wir einen Blick auf historische Verhältnisse werfen.

Bereits mehrfach haben wir erwähnt, daß die Kirche in der Person des Pfarrers früher die Aufgabe hatte (und heute noch hat), das Gemeinwesen religiös zu versorgen. Um andere Angelegenheiten kümmerten sich 'weltliche' Organe. Die kirchlichen und weltlichen (politischen) Aufgabenbereiche zusammen bildeten die Einheit des Gemeinwesens und sorgten für das gesellschaftliche Gleichgewicht (siehe Lück, Kirchengemeinde, S. 28).

Diese Aufteilung der gesellschaftlichen Wirklichkeit in Weltliches oder ,,Äußeres" und Kirchliches oder ,,Inneres" (Kehrer, Industriearbeiter, S. 123) hatte zur Folge, daß der Staat nicht in innerkirchliche Belange hineinredete und die Kirche nicht in parteiliche. Bei einer Überschreitung der Grenzen war das gesellschaftliche Gleichgewicht bedroht. Infolgedessen erwartet man auch heute noch von einem Pfarrer, daß er sich auf seinen Bereich beschränkt, also eine unpolitische Werte- und Lebenshilfe vermittelt, die in der oben zitierten Äußerung als 'Wort Gottes' bezeichnet wird (siehe auch Weber, Kirchenorganisation, S. 115). Mit Hilfe dieses so verstandenen 'Wortes Gottes' soll der Pfarrer jedoch ein geistliche Unterstützung der 'weltlichen' Obrigkeit leisten und vorhandene politische Verhältnisse bestätigen.

Die darin enthaltene Verbindung von „Thron und Altar" wirkt sich heute noch nachdrücklich aus.

Etwas anders verhält es sich mit der politischen Verantwortung der Kirche überhaupt. Zustimmung und Ablehnung halten sich etwa die Waage. Während die einen grundsätzlich aus den eben genannten Gründen die politische Distanz der Kirche fordern, befürworten die anderen ein sachgemäßes und kritisches politisches Engagement der Kirche, vor allem dann, wenn es sich um soziale Belange handelt.

Im sozialen Bereich räumt man der Kirche nicht nur Mitspracherecht ein, sondern billigt ihr auch Verantwortung zu.

Soziale Angelegenheiten wurden ja früher im Rahmen der Großfamilie geregelt (Altersversorgung, Kinderbetreuung, Krankenpflege). Mit dem teilweisen Zerfall der Großfamilie entstand eine Lücke im sozialen Netz, die Staat und Kirche im gleichem Maß ausfüllten (Lück, Kirchengemeinde, S. 31f; Hild, stabil, S. 106ff).

So unterhalten Staat und Kirche heute gleichzeitig Kindergärten, Altenheime, Pflegestationen, Krankenhäuser und betreuen Obdachlose, Strafentlassene u.s.w.

Die Grenzen zwischen Sozialem und Politischem werden aber immer fließender.

Raumplanung, Umweltschutz, Sicherung des Friedens kann man sowohl als soziale als auch politische Angelegenheiten begreifen.

Wenn es der Kirche gelingt, Soziales mit Politischem im Bewußtsein der Kirchenmitglieder zu verbinden, könnte sich der Handlungsspielraum der Kirche in absehbarer Zeit erweitern. Das trifft sowohl für die Gesamtkirche wie für den einzelnen Pfarrer zu.

Während der Pfarrer sich aber einer parteipolitischen Bindung enthalten sollte, wird dies bei Kirchenvorstehern mitunter direkt begrüßt.

Kirchenvorsteher gelten ja nicht als Vertreter der Kirche (wie es in der Kirchenordnung steht), sondern gehören (historisch gesehen) auf die weltliche Seite der Kirchengemeinde (Lück, Kirchenmeinde, S. 32).

Bei der Einschätzung der *Zukunft der Kirche* spielen bei den traditionellen Christen theologische Gedanken kaum eine Rolle. Sie sehen die Kirche als institutionell vorhandene Größe mit einer überhistorischen Bedeutung (Kehrer, Industriearbeiter, S. 145). Ihr Ursprung ist nicht irdisch-weltlicher, sondern geistlich-religiöser Art. „Die Kirche, die über Jahrtausende bisher bestanden hat, wird auch weiter existieren. Die Kirche wird nie untergehen."

Die gesellschaftlichen Einflüsse könnten aber die Situation der Kirche verändern. In sozialistischen Ländern wandelt sich ja die Gestalt der Volkskirche in Richtung einer Bekenntniskirche.

Im übrigen gilt auch für die Kirche: „Gehts einem gut, dann braucht man Gott nicht; gehts einem schlecht, dann braucht man ihn." Mit anderen Worten: Der Mensch weiß und fühlt, daß er im Vorhandenen nicht aufgeht, die Gesamtheit der Wirklichkeit nicht erfassen kann und auf Überschreiten der vorfindlichen Gegebenheiten hin angelegt ist (Rendtorff, Christentum, S. 77ff). Aufgrund dieser im Wesen des Menschen angelegten Tendenz wird es immer so etwas wie Religion und auch diese in institutionalisierter Form von Kirche geben. Je mehr jede Religion allerdings das Denken des einzelnen reglementiert und in vorgeschriebene Bahnen lenken will, desto größer wird der Drang nach Freiheit bzw. nach Überschreiten der vorfindlichen und einengenden Denk-, Glaubens- und Verhaltensmuster. Das ist heute zum Beispiel ein Hauptproblem in der katholischen Kirche und auch in den sozialistischen Staaten.

Nur gelegentlich begegnen uns bei den traditionellen Christen Anklänge an das Neue Testament hinsichtlich der Zukunft der Kirche: „Mit dem Ende der Kirche ist auch das Ende der Welt da". Apokalyptische Vorstellungen („wir leben in der Endzeit, und bald wird Christus wiederkommen") finden wir so gut wie gar nicht.

5.2. Die Einstellung zur Kirche bei den funktionalen Christen

Wir haben bereits hervorgehoben, daß die Kirche von diesen Christen unter dem Gesichtspunkt gesehen wird, was sie leistet.

Die Mehrheit unter ihnen bejaht die Kirche als Volkskirche, fordert aber Reformen in mancherlei Hinsicht. Diese Christen schätzen in der Regel die Kirchentage und das verstärkte soziale Engagement der Kirche. Aber beim letzteren werden auch kritische Stimmen laut:

Die Kirche müßte deutlicher machen „was sie überhaupt Soziales leistet und daß der Staat das überhaupt nicht alles abfangen kann, finanziell gesehen auch."

In der Tat hat die Kirche bisher ihre „Öffentlichkeitsverantwortung . . . noch kaum wahrgenommen" (Hild, stabil, S. 265).

Spiegel (Klassenbindung, S. 25f) sieht darin ein absichtliches Handeln der Kirche. Würde sie dieser Verantwortung bewußt nachkommen, kämen in der Öffentlichkeit dann die Ursachen der sozialen Problematik deutlich zum Vorschein. Die Folge wäre eine massivere Infragestellung des gegenwärtigen Gesellschaftssystems, was beide, Kirche und Staat, vermeiden wollten. Deshalb erschöpfe sich das soziale Engagement der Kirche in der „Verwaltung der Opfer" (Spiegel, Klassenbindung, S. 25).

Wenn die Kirche wirklich den Ursachen der sozialen Problematik nachginge und diese öffentlich darlegen würde, könnte der Staat einen solchen Druck (finanzieller Art) auf die Kirche ausüben, daß deren Freiheitsspielraum erheblich eingeschränkt würde (Spiegel, Klassenbindung, S. 36f).

In der letzten Zeit hat sich nun die Kirche einige Male öffentlich engagiert und geriet sofort in Kollision mit staatlichen Behörden. Hierbei unternimmt die Kirche gewissermaßen eine Gratwanderung: Wenn sie die Ursachen sozialer Mißstände hervorhebt, dazu gehören — aufgrund eines blinden Profit- und Fortschrittdenkens — die Zerstörung der Umwelt wie auch die Bedrohung allen Lebens durch irrsinniges Wettrüsten, dann sind Konflikte mit staatlichen Behörden unvermeidlich.

Wenn die Kirche dem Staat nach wie vor nach dem Munde redet, verliert sie an Glaubwürdigkeit und entfernt sich immer weiter von christlichen Grundsätzen.

Dem Staat bleibt offensichtlich nur ein zweifacher Handlungsweg: Entweder er arrangiert sich mit diesen neuen Kräften und duldet zumindest in diesem Zusammenhang auch das Auftreten der Kirche oder er setzt stärkere Druckmittel ein. Dafür werden ihm aber immer mehr die Hände gebunden, denn stetig wächst das Problembewußtsein in der Öffentlichkeit für Umwelt-, Energie- und Friedensfragen.

Angesichts der verunsicherten Bevölkerung kann die Kirche den Finger auf die wunden Stellen im Gesellschaftsgefüge legen und auf allen Ebenen ihres Wirkens (von der einzelnen Kirchengemeinde bis zu den Gremien der Evangelischen Kirche in Deutschland) gesellschaftskritisches Denken fördern.

Das politisch-soziale Engagement der Kirche hat auch zu Protesten bei traditionellen Christen geführt und die Zahl der Kirchenaustritte etwas ansteigen lassen.

Die Entwicklung in der Volkskirche scheint aber dahin zu gehen, daß mit evangelischer Kirche zunehmend auch weltzugewandtes und kritisches Denken und Handeln verbunden wird. Es gibt Anzeichen einer Entwicklung, daß sich ein erheblicher Teil der Bevölkerung mit ihren Problemen eher von der Kirche als vom Staat verstanden fühlt.

Bei ihrem sozialen Engagement darf die Kirche nicht vergessen, aus welchen Beweggründen sie handelt. Gerade in der Friedensdebatte hat sie zum Beispiel den entscheidenden Vorteil, nicht nur politisch argumentieren zu können, sondern die Friedensaufgabe direkt aus dem Zentrum des christlichen Glaubens abzuleiten. Das Prinzip der radikalen Nächstenliebe, die bekanntlich die Feindesliebe einschließt, als Anbruch des Reiches Gottes verstanden, ist bisher nicht genügend ernstgenommen worden. Seit die Kirche Staatskirche wurde (beginnend mit Kaiser Konstantin, 313 n.Chr.) liebäugelte sie zu sehr mit der Macht und kam bisher über Kompromisse mit den jeweiligen staatstragenden Kräften selten hinaus. Es ist manchmal beschämend festzustellen, wie selbst angeblich seriöse Theologie-Professoren einen intellektuellen Eiertanz aufführen, um das System der atomaren Bedrohung und Abschreckung zu rechtfertigen.

Die Kirche hat mit ihrer sozialen Verantwortung die Aufgabe, Sinn zu vermitteln, geistliche Akzente zu setzen (siehe Hild, stabil, S. 210). Gerade die funktionalen Christen erwarten auf die tatsächlichen Lebensbezüge ausgerichtete Verlautbarungen der Kirche. Sie kritisieren traditionelle Formeln, die unübersetzt bleiben und heben die Schwerfälligkeit der Kirche bei Reformen hervor. Was sie wünschen ist eine beweglichere Kirche mit einem breiten kontakt- und gemeinschaftsstiftenden Angebot, das auch im Gottesdienst zum Tragen kommen sollte. Zum Beispiel wird die Möglichkeit, nach dem Gottesdienst zwanglos bei Kaffee und Gebäck zusammenzusein, vorbehaltlos von diesen Christen begrüßt. Auch die Versuche mit gemeinschaftsfördernden Abendmahlfeiern finden Anklang.

Ein Teil dieser Christen übt auch Kritik an der Kindertaufe und plädiert für die Taufe Erwachsener (siehe Hild, stabil, S. 88ff). Das hat seinen Grund darin, daß die Kirche als Großorganisation neben anderen gesehen wird: „Wir werden auch nicht in die SPD geboren oder in die CDU."

Eine Verschiebung von der Kindertaufe zur Erwachsenentaufe hat (zum Glück) in den letzten Jahren nicht stattgefunden. Die Kindertaufe gerantiert nämlich den Freiheitsspielraum der Volkskirche (Rendtorff, Manipulierende Kirche, Pfarrerblatt 1976, S. 716).

Klagen über den Bürokratismus in der Kirche kann man auch häufig hören: „Wenn der Propst hier ist, dann ist er mit allem einverstanden, dann bemüht er sich um alles. Und dann ist er wieder weg, und dann bleibt es wie es war." Diese Kritik gleicht der an anderen bürokratischen Großorganisationen (Parteien, Gewerkschaften). Zum Teil spielt hier auch eine „Institutionsverdrossenheit" (Lück, Volkskirche, S. 125) mit hinein.

Ein Verständnis von Kirche als Großorganisation ist einseitig und wird ihrem Vorhandensein als Volkskirche in keiner Weise gerecht (wobei die Volkskirche theologisch noch gar nicht in den Blick gerückt ist). Die Wandlung der Kirche zur Großorganisation mit genau umrissenen Leistungs- und Zielsetzungen und einer bewußten Mitgliedschaftswerdung läßt noch einige Jahrzehnte auf sich warten, falls es überhaupt dazu kommt. Daher ist auch nicht mit einem „Gesundschrumpfen" der Kirche zu einem aktiven Kern (wie es manche funktionale Christen wünschen) oder mit einer Freiwilligkeitskirche zu rechnen. Die volkskirchlichen Traditionen haben bisher an Geltung kaum verloren.

Für die Glaubwürdigkeit der Kirche sollten jedoch folgende Gesichtspunkte in Zukunft berücksichtigt werden, besonders in den kirchlichen Regionen, die von Traditionen weitgehend unberührt sind:

— Intensivierung der sozialen und seelsorgerlichen Dienste;

— psychologische und sozialpsychologische Qualifikation der kirchlichen Mitarbeiter;

— aktive Laienbeteiligung (Vorsitz des Kirchenvorstandes) und Delegation von eigenverantwortlichen Tätigkeiten;

— Angebot eines dichten Kontakt- und Gemeinschaftsnetzes;

— Angebot eines Sinn- und Orientierungsrahmens für das Alltagshandeln.

5.3. Die Einstellung zur Kirche bei den evangelikalen Christen

Die evangelikalen Christen unterscheiden zwischen der Kirche als Institution und der Kirche als geistlicher Größe. Sie lehnen die Kirche als Institution in der Gestalt der Volkskirche nicht von vornherein ab, wie vielleicht zu vermuten wäre. Mittels der Volkskirche „können am ehesten die Menschen erreicht werden". Die Institution dient ihrer Auffassung nach als Vehikel für missionarisches Wirken, wobei ihre Unterscheidung zwischen wahrer und falscher Kirche allerdings durchscheint.

Als falsche Kirche mit den „ungläubigen Christen" stellt sich die Volkskirche dar. Infolgedessen berichten die evangelikalen Christen auch kaum etwas Lobenswertes über die Volkskirche. Ihre Hauptvorwurf bezieht sich auf die geistliche „Verflachung" in der Volkskirche: In dieser Kirche predige man nicht mehr das „reine Evangelium"; es mangele der Kirche an geistlicher Substanz, da sie sich ständig dem Zeitgeist der Welt anpasse; die Pfarrer predigten nicht „biblisch fundiert" und viel zu oberflächlich. Bereits bei der Ausbildung der Pfarrer müßte ein Auswahlverfahren stattfinden, mit dem Ziel, nur „gläubige Pfarrer" zum Dienst zuzulassen. Man vernachlässige in der Volkskirche die Verkündigung des Wortes Gottes zugunsten von zu vielen sozialen Dienstleistungen. „Das eigentlich Bleibende für den Menschen draußen (!), das kommt zu kurz." Das heißt, die Alltagsfragen und -Probleme der Menschen „draußen" spielen nur eine untergeordnete Bedeutung angesichts einer Verkündigung, die auf das ewige Heil des Menschen abzielt.

Die Einstellung der evangelikalen Christen zur politischen Verantwortung der Kirche ergibt sich aus dem eben Gesagten. Sie werfen der Kirche vor, sich zu sehr politisch zu engagieren ohne eindeutige christliche Bezüge aufzuzeigen: „Also manchmal hat man den Eindruck, genau das gleiche könnte auch ein Mann von der Gewerkschaft gesagt haben." Oder: „Die Kirche tut sich zu sehr in menschenmachbare Sachen reindrängen."

Mit Skepsis und Vorbehalten begegnet man deshalb den Denkschriften und den Kirchentagen.

Wenn die Kirche politisch Stellung nähme, dann sollte sie „klarer vom Wort Gottes her diese Stellungnahme abgeben." Offensichtlich sind für die evangelikalen Christen gegenwärtige gesellschaftspolitische Probleme bereits eindeutig in der Bibel beantwortet und Diskussionen darüber überflüssig. Das gilt zum Beispiel für den § 218 oder für die Frage, ob Pfarrer in der DKP sein können. Eine Stellungnahme vom „Wort Gottes" her besteht für sie darin, einige Bibelworte zu zitieren und ist inhaltlich in der Regel mit einer konservativen parteipolitischen Ansicht identisch. Ihr Nein gegenüber der Schwangerschaftsunterbrechung ist ebenso kompromißlos wie die Ablehnung sozialistisch orientierter Pfarrer. Bezeichnenderweise vermißt man ein ebenso klares Nein gegenüber der Abschreckung mit atomaren Waffen. Sowenig wie die evangelikalen Christen im Dritten Reich grundsätzlich Opposition bezogen, sowenig tun sie es heute. Unterschwellig halten sie die staatlichen Obrigkeiten als von Gott eingesetzt.

Hinsichtlich der Zukunft der Kirche unterscheiden die evangelikalen Christen ausdrücklich zwischen der Kirche als Institution (Volkskirche) und der Kirche als geistlicher Größe (Gemeinschaft der Rechtgläubigen).

Apokalyptische biblische Inhalte dienen dazu, die Gegenwart als „Endzeit" zu werten, in der mancherlei „Wirren" und „Verführungen" überhand nehmen: „Und aus biblischer Sicht wird die Verführung, sei es durch Sekten oder durch die Volkskirche, immer mehr zunehmen. Ich habe so den Eindruck, daß dann eines Tages von bekennenden und gläubigen Pfarrern mal gesagt wird: 'Also diese Kirche können wir nicht mehr anerkennen; die predigt ja das reine Evangelium nicht mehr'." Eine Spaltung (Schisma) der Kirche liegt für die evangelikalen Christen also im Bereich des Möglichen. Die Institution Kirche könnte untergehen, während die „wahre Kirche" durch alle Wirren der Endzeit bestehen bliebe.

Bei Gesprächen zwischen evangelikalen Christen und volkskirchlichen Gremien müssen die letzteren immer wieder beteuern, daß sie sich doch noch auf dem Boden des Evangeliums befänden. Man hat es noch nicht gelernt, sich vom evangelikalen Zwangssystem zu befreien. Dieses System können wir auch als weltanschaulich-ideologisch bezeichnen. Ideologisch heißt, ein einseitiges oder verzerrtes Bild von der Wirklichkeit haben, das als absolute Wahrheit vertreten wird und andere Ansichten ausschließt.

Stellen wir in einer Tabelle noch einmal die Einstellung zur Institution Kirche dar:

Einstellung zur	Kirche insgesamt	Kirche und Politik	Zukunft der Kirche
traditionelle Christen; etwa 60 % bis 70 % aller Kirchenmitglieder; Kirche in *Ruhe!*	selbstverständliche Zugehörigkeit; Kirche ein konturenloses Gebilde; Erwartung der Begleitung (Kasualien und Seelsorge) Betreuung und Orientierungshilfe.	Tendenz zur politischen Enthaltsamkeit der Kirche; Staat ist für das 'Äußere', Kirche für das 'Innere' des Menschen	überhistorische Bedeutung der Kirche; wird nie untergehen.
funktionale Christen; etwa 15 % bis 20 % aller Kirchenmitglieder; Kirche in *Bewegung!*	die Kirche wird nach dem beurteilt, was sie leistet; mehr Öffentlichkeitsarbeit; zeitgemäße Verkündigung; aktive Laienbeteiligung.	für ein politisch-soziales Engagement der Kirche.	Intensivierung der sozialen und seelsorgerlichen Dienste; bessere Qualifikation der Mitarbeiter.
evangelikale Christen; etwa 10 % aller Kirchenmitglieder; Kirche in *Abgrenzung!*	Kirche als Institution und als geistliche Größe; geistlicher Substanzverlust der Volkskirche; gegen Weltoffenheit der Volkskirche.	Vorwurf der „geistlosen" Politisierung der Volkskirche; zu starkes politisches Engagement der Kirche.	die Zukunft der Volkskirche ist bedroht; die 'wahre' Kirche besteht ewig; apokalyptische Interpretation der Gegenwart; Schisma der Kirche

6. Auswirkungen der christlich-kirchlichen Bindung im Alltag

Dem ersten Eindruck nach scheinen nur wenig Beziehungen zwischen einer christlich-kirchlichen Bindung und dem Alltagshandeln zu bestehen. Das spricht für die sogenannte Segmentalisierungsthese (siehe Kehrer, Industriearbeiter, S. 100; Rendtorff, soziale Struktur, S. 27; Wurzbacher/Pflaum, Dorf, S. 230f), die folgendes beinhaltet:

Mit der zunehmenden Industrialisierung haben sich die einzelnen Lebensbereiche in Beruf und Freizeit immer weiter ausgefächert. Diese Vielfalt der einzelnen Bereiche bestehen nun ziemlich unverbunden nebeneinander. Aus dem Freizeitverhalten kann man nicht mehr auf den ausgeübten Beruf schließen, und umgekehrt trifft für die berufliche Bindung zu, daß man von dort her kaum Schlüsse auf das Freizeitverhalten oder gar auf die religiöse Überzeugung ziehen kann (das ist zum Beispiel im Islam anders; dort herrscht eine unauflösliche Verwobenheit zwischen Religion und Alltagshandeln).

Genauer betrachtet läßt sich diese Segmentalisierungsthese nicht unangetastet aufrechterhalten.

Ein fast beziehungsloses Nebeneinander von Beruf und christlich-kirchlicher Bindung ist gerade für das Selbstverständnis der *traditionellen Christen* charakteristisch. Aus ihrer christlicher Überzeugung folgt nicht unmittelbar eine Anleitung zum Handeln im täglichen Leben. Zwar ist ihnen bewußt, wie christliches Handeln im Sinn der Nächstenliebe aussehen sollte, tatsächlich aber passen sich diese Christen dem gesellschaftlichen Normalverhalten mit seinen „gemäßigten Sadismus" (Ottomeyer) an.

Manipulationen finanzieller Art im Kleinen wie im Großen sind nahezu selbstverständlich; Werte wie Verzeihen und Vergeben treten hinter dem eigenen Rechtsanspruch zurück; persönliches Eigentum wird zum Götzen, und Streit mit dem Nachbarn über einige cm^2 Grund und Boden gehört zum Alltag. Ohne von Gewissensbissen geplagt zu werden, leben diese Christen angesichts des Widerspruchs zwischen christlichem Sollen und tatsächlichem Sein. Man ist versucht, dem Ausspruch von K. Marx zuzustimmen, daß das gesellschaftliche Sein das Bewußtsein bestimmt. Die selbstverständliche Zugehörigkeit zum Staat mit dem kapitalistischen System beeinflußt das

Denken und Handeln des Bürgers, auch wenn dieser in seiner Gesinnung noch die christlichen Werte aus der Zeit vor der Industrialisierung für richtig hält. Das Bewußtsein hinkt dem gesellschaftlichen Sein hinterher. Das Böse ist mit dem kapitalistischen System verbunden.

Daraus folgt, daß berufliche und geschäftliche Angelegenheiten bei den traditionellen Christen einen höheren Stellenwert einnehmen als ihre christlich-kirchliche Bindung. Der Besuch des Gottesdienstes dient der Entlastung und wird als Atempause gegenüber den beruflichen Verpflichtungen empfunden. Im Rahmen der Kirche möchte man sich erbauen und erholen und nicht noch zusätzlich in irgendeiner Weise belastet werden.

Neben der Kirche bieten vor allem auch die Vereine diesen Ausgleich an. Die Vereinstätigkeit rangiert bei den traditionellen Christen in der Regel vor dem kirchlichen Engagement.

Im übrigen wirkt sich die Vielfalt der heutigen Freizeitangebote nicht ausschlaggebend auf das kirchliche Teilnahmeverhalten aus. Wenn man von seiten der Kirche häufig über Vereinstätigkeiten am Sonntag morgen zur Gottesdienstzeit klagt und auf eine andere zeitliche Regelung dringt, an der Zahl der Gottesdienstbesucher würde sich so oder so nichts ändern.

Auch auf die politische Einstellung der traditionellen Christen hat ihre christlich-kirchliche Bindung keinen wesentlichen Einfluß.

Wir haben angeführt, daß aufgrund der historisch überkommenen Trennung zwischen kirchlichen und politischen Angelegenheiten die traditionellen Christen mehr für eine politische Enthaltsamkeit der Kirche eintreten. Zudem nennt sich eine der beiden großen Parteien selbst christlich. Da die andere ebenfalls bemüht ist, Volkspartei zu sein, treffen wir auf eine ziemlich gleichmäßige Verteilung der traditionellen Christen auf die beiden Parteien. Manchmal verbindet man noch selbstverständlich Christentum mit christlicher Partei: „Wir stehen zur CDU natürlich, zur christlichen Partei." Diese Haltung entspricht unproblematisiertem traditionellem Christsein und einem kaum vorhandenen politischen Beurteilungsvermögen.

Bei den *funktionalen Christen* begegnet uns eine problembewußte Beziehung zwischen ihrer christlich-kirchlichen Bindung und dem Alltagshandeln, wobei die christliche Überzeugung das Alltagshandeln beeinflußt. Im Beruf versuchen die funktionalen Christen, sich entsprechend ihrer christlichen Überzeugung zu verhalten. Sie bemühen sich um eine Übereinstimmung zwischen christlichem Sollen und tatsächlichem Sein. Das beinhaltet aber ein differenziertes Urteilsvermögen in bezug auf gesellschaftspolitische Verhältnisse. Das Wahlverhalten der funktionalen Christen richtet sich nach dem Programm und der Leistung einzelner Parteien und Politiker. Politische und auch eigene berufliche Gegebenheiten werden von ihnen immer wieder hinterfragt. Die funktionalen Christen neigen dazu, sich nicht scheuklappenhaft vom Leistungs- und Wohlstandsdenken vereinnahmen zu lassen. Ihre Maßstäbe für das gesellschaftliche Miteinander und für eine gute Politik sind Umschreibungen der Nächstenliebe wie Gerechtigkeit, Freiheit und Frieden: ,,Ich würde einer Partei zustimmen, die versucht, Gerechtigkeit in der Welt zu schaffen."

Besonders diese Christen engagieren sich für Umweltschutz, für die Erhaltung des Friedens, für eine gerechtete Behandlung der Dritten Welt, für die Freiheit des Denkens und Handelns von Randgruppen in Kirche und Gesellschaft.

Neben den Begriff 'Nächstenliebe' tritt immer mehr der Begriff *'Menschlichkeit'* als grundlegende Norm für die Beurteilung von politischen Verhältnissen.

Von einem Nebeneinander der einzelnen Lebensbereiche können wir bei diesen Christen kaum sprechen. Christlicher Glaube, berufliches Verhalten, politische Einstellung und Freizeithandeln bilden mehrheitlich ein sich gegenseitig bedingendes Ganzes unter dem Maßstab der Menschlichkeit.

Bei den *evangelikalen Christen* besteht ein noch engerer Zusammenhang zwischen ihren Glaubensüberzeugungen und den Alltagsbereichen, ein Zusammenhang, der aber auch von Spannungen und Widersprüchen gekennzeichnet ist.

Zum Beispiel gilt die berufliche Tätigkeit als Fügung Gottes: ,,Ich weiß, daß ich von Gott in diesen Beruf, in diesen Betrieb reingestellt bin." Gleichzeitig aber ertönen Klagen über berufliche Belastungen, und der Wunsch wird laut, ,,einmal vollkommen abzuschalten, wo ich nichts mehr höre und sehe."

Der Glaube an die Fügung Gottes bewirkt, im Beruf durchzuhalten, auch wenn der gesundheitliche Ruin die Folge ist.

In anderer Hinsicht führt die Glaubensüberzeugung der evangelikalen Christen ebenfalls zu Spannungen, dann, wenn finanzielle Eigeninteressen und christliche Normen aufeinander treffen: Zum Beispiel tauchten bei einer Steuermanipulation hinterher Gewissensbisse auf: „Da bin ich am nächsten Tag hingegangen und hab gesagt: 'Das geht nicht. Ich kann das vor meinem Gewissen nicht verantworten. Ich bin überzeugter Christ.' Der andere erwidert: 'Ich bin auch evangelischer Christ. Ich kann das ganz gut.'" Anhand dieses Beispiels sehen wir auch deutlich die Einstellung eines traditionellen Christen, für den solche Manipulationen zu keinen Gewissensbissen führen.

Weitere Auswirkungen des Glaubens lassen sich unter 'missionarischem Wirken' zusammenfassen. Sowohl im Beruf als auch in der Freizeit kommen die evangelikalen Christen bei passender Gelegenheit auf Fragen des Glaubens zu sprechen mit dem Fernziel, andere zu „bekehren".

Bei Tisch in der Öffentlichkeit zu beten, ist nicht nur persönliche christliche Praxis, sondern zugleich auch Bekenntnis und Werbung.

Von feucht-fröhlichen Veranstaltungen (Fasching, Kirmes, Betriebsausflug) hält man sich in der Regel fern. Diesen Vergnügungen haftet der Geruch der Sünde an. Auch die eigenen Kinder möchte man nicht derartigen Einflüssen aussetzen: „Wenn man selbst nichts zu bieten hat, dann gehen die Kinder zu anderen Plätzen, die uns vielleicht nicht so willkommen wären."

Politisch ziehen diese Christen keine eindeutigen Konsequenzen aus ihren Glaubensüberzeugungen. Wenn man das eigene Leben als Fügung Gottes ansieht, können auch alle gesellschaftspolitischen Verhältnisse so gedeutet werden. Insofern finden wir die evangelikalen Christen überwiegend auf seiten der herrschenden politischen Kräfte. Politik ist zudem nur eine weltliche Angelegenheit, den geistlichen Erfordernissen nachgeordnet. Deshalb werden die politischen Ansätze, die sich aus den Glaubensüberzeugungen ergeben, nicht weiter verfolgt.

An und für sich müßten die evangelikalen Christen die politischen Kräfte unterstützen, die sich kritisch mit den gesellschaftlichen Gegebenheiten auseinandersetzen; die evangelikalen Christen müßten gegen die Relativierung christlicher Normen, gegen Manipulation finanzieller Art, gegen Profitgier und blinde Leistungsorientierung und

konsequent für Umweltschutz, Frieden und für Randgruppen eintreten mit dem Ziel einer Übereinstimmung von christlichen Normen
und gesellschaftlichen Verhältnissen.

Aber diese politischen Folgerungen versanden angesichts der Gewichtung des persönlichen Heils und der Abgrenzung von der Welt.

7. Eine Typologie der Kirchenvorsteher und damit aller Kirchenmitglieder

Eine Typologie versucht, die komplizierten und vielschichtigen Verhältnisse in der Wirklichkeit übersichtlich und modellhaft zusammenzufassen (Matthes, Kirche, S. 68).

In den letzten Jahren sind verschiedene Typologien der Kirchenmitglieder erarbeitet worden (Dahm, Verbundenheit, S. 113ff; Winter, Gemeindeleitung, S. 55f; Lohse, Kontakte, S. 126ff; Köster, Kirchentreuen, S. 76ff; Lück, Kirchengemeinde, S. 15).

Keine dieser Typologien berücksichtigt aber die christlich-kirchlichen Prägungen, die Glaubensüberzeugungen, das kirchliche Engagement und die Einflüsse von seiten der jeweiligen Kirchengemeinden.

Wir haben bisher die drei Haupttypen von Kirchenvorstehern und Kirchenmitgliedern ausführlich vorgestellt. Sie sollen noch einmal kurz charakterisiert werden. Anschließend skizzieren wir zwei weitere Typen, die prozentual gesehen kaum in Erscheinung treten, aber in kirchlichen Kreisen nicht zu übersehen sind: die rationalen und die pragmatischen Christen.

Es versteht sich hierbei von selbst, daß uns ein Kirchenmitgliedstyp selten in Reinkultur begegnet. Wir selbst vereinen in uns verschiedene Anteile der einzelnen Typen, in unterschiedlicher Akzentuierung und je nach Situation verschieden. Die Grenzen der Typologie sind fließend. Bei einem Wohnortwechsel geschieht es häufig, daß sich die einen oder anderen christlich-kirchlichen Anteile abschwächen oder verstärken.

7.1. Die traditionellen Christen

Wir begegnen diesen Kirchenmitgliedern vorwiegend in den Kirchengemeinden mit einer traditionellen christlich-kirchlichen Prägung, also den Kirchengemeinden auf dem Land, in der Kleinstadt und am Stadtrand mit alten Ortskern.

Der Pfarrer stellt für diese Christen die Kirche dar, und Kontakte zum Pfarrer bestimmen die Art der kirchlichen Bindung. Kindheit,

Jugend und Kirche bilden einen selbstverständlichen Bestandteil des Lebens. Man gehört zur Kirche wie als Bürger zum Staat.

Der Glaube an Gott, der in Krisensituationen lebendig wird, bestimmt das christliche Bewußtsein, gefolgt von der Nächstenliebe als Norm christlichen Verhaltens, (wobei das tatsächliche Verhalten dazu im Widerspruch steht) und einer gleichzeitigen religiösen Toleranz. Die überkommenen biblisch-dogmatischen Inhalte werden einerseits fraglos akzeptiert, andererseits steht man ihnen gleichgültig gegenüber. Für das Alltagsgeschehen ist ihre Bedeutung gleich Null.

Religiöses Wissen ist kaum vorhanden und wird auch für überflüssig gehalten. Der Pfarrer gilt als Fachmann für Religion und Kirche.

Traditionelle christliche Gepflogenheiten werden kaum noch wahrgenommen.

Diese Christen als Kirchenvorsteher nehmen ihr Amt dahingehend wahr, die religiösen Belange des Gemeinwesens gegenüber dem Pfarrer zur Sprache zu bringen, bzw. darauf zu achten, daß der Pfarrer das Gemeinwesen ausreichend religiös versorgt. Deshalb halten sie eine eigene religiöse und kirchliche Bindung nicht für erforderlich. Neben ihrer Teilnahme an den Sitzungen treten sie kaum öffentlich in Erscheinung. Aktive Mitarbeit erwarten die anderen Gemeindeglieder auch nicht von ihnen. Wenn Kirchenvorsteher ihre eigene Rolle konkret beschreiben sollen, werden sie unsicher. Sie empfinden, daß sie den Vorstellungen der Kirchenordnung, die sie im einzelnen nicht kennen, nur ungenügend entsprechen. Sie leiten die Gemeinde nicht in geistlicher Hinsicht und besuchen den Gottedienst selbst nur sporadisch. Ihre Stellung gegenüber dem Pfarrer ist eindeutig nachgeordnet, wird aber dann nicht als negativ empfunden, wenn ein gutes Verhältnis zum Pfarrer besteht.

Verwaltungsangelegenheiten bilden den Schwerpunkt in den Sitzungen des Kirchenvorstandes. Kritik an übergeordneten kirchlichen Gremien wird laut, wenn man die eigene Arbeit als zu sehr fremdbestimmt erfährt.

Nennenswerte Zielvorstellungen in der kirchlichen Arbeit ergeben sich aufgrund dieses Selbstverständnisses nicht.

Die Gesamtkirche kommt für diese Christen hauptsächlich in Gestalt der eigenen Kirchengemeinde und in der Person des Pfarrers in den Blick. Die Kirche als Landeskirche oder die Evangelische Kirche in Deutschland (EKD) bleiben für sie ein nebuloses Gebilde.

Von alters her sorgen Staat und Kirche für die Einheit und das Gleichgewicht in der Gesellschaft. Der Staat widmet sich „äußeren" Angelegenheiten des Menschen, die Kirche „inneren". Für Politik ist also die Kirche nicht zuständig, aber für soziale Probleme. Staat und Kirche tragen in diesem Bereich gleichermaßen die Verantwortung.

Um die Zukunft der Kirche fürchten diese Christen nicht. Jahrtausende war die Kirche ein selbstverständlicher Bestandteil der Gesellschaft und wird es nach Meinung der traditionellen Christen auch weiterhin bleiben.

Im Alltagsleben herrscht ein gebrochenes Verhältnis zwischen anerkannten christlichen Normen und tatsächlichem Verhalten.

Eine eindeutige politische Ausrichtung begegnet uns bei diesen Christen nicht.

Da etwa 60 % bis 70 % aller Kirchenmitglieder zu den traditionellen Christen zählen, für die ein Austritt aus der Kirche kaum in Betracht kommt, wird sich der Bestand der Volkskirche in den nächsten Jahrzehnten nicht wesentlich verändern.

7.2. Die funktionalen Christen

Vor allem in Kirchengemeinden ohne Tradition und in städtischen Gebieten bestimmen diese Christen das kirchliche Leben.

Traditionen nehmen sie nicht fraglos hin.

Sie haben häufig schon im Elternhaus gelernt, kritisch und problemorientiert zu denken, was sich auch auf kirchliche Gegegebenheiten auswirkt.

Als Maßstab christlichen und kirchlichen Handelns gilt die Nächstenliebe.

Biblisch-dogmatische Überlieferungen spielen kaum eine Rolle.

Über theologische Kenntnisse verfügen diese Christen in den wenigsten Fällen; spezielles religiöses Wissen ist für ein Christentum der Tat weitestgehend entbehrlich.

In den Familien werden auch kaum noch traditionelle christliche Gepflogenheiten praktiziert. Gebete mit den Kindern weichen zunehmend freien Gesprächen über Erfahrungen und Sinn des Alltagsgeschehens.

Diese Christen als Kirchenvorsteher engagieren sich in vielfältiger Weise in der Kirchengemeinde. In der Regel ist ihre Beziehung zum Pfarrer partnerschaftlich bis freundschaftlich. Die Kirchenvorsteher widmen sich mit dem Pfarrer zusammen mannigfachen sozialen und gemeinschaftsstiftenden Anliegen.

Die Gesamtkirche beurteilen diese Christen unter dem Gesichtspunkt der Leistung. Sie wünschen Reformen, die aber die Gestalt der Volkskirche nicht wesentlich verändern würden. Was die Kirche tut, sollte sie qualifizierter und mit mehr öffentlicher Resonanz verrichten. Die Kirche sollte den Mut haben, sich auch hin und wieder unbeliebt zu machen, besonders wenn es um den Einsatz für die Menschlichkeit geht.

Politische Verantwortung gehört zum Wesen der Kirche. Wenn die Kirche ihren Aufgaben mit den entsprechenden Reformen nachkäme, wäre ihr Bestand als Volkskirche gesichert.

Auf eine Vermenschlichung der Beziehungen legen diese Christen auch im Alltagsleben großen Wert. Und in ihrem parteipolitischen Urteilsvermögen spielt der Maßstab der Gerechtigkeit und der Menschenwürde eine erhebliche Rolle.

7.3. Die evangelikalen Christen

Evangelikale Christen trifft man in allen Kirchengemeinden an; besonders aber in denen, die von Erweckungsbewegungen im 19. Jahrhundert beeinflußt wurden.

Eine besondere Art von Frömmigkeit ist das Kennzeichnende dieser Christen.

Ihre religiöse Prägung in der Kinder- und Jugendzeit läuft in der Regel darauf hinaus, sich bewußt für Jesus zu entscheiden (bekehren). Voraussetzung dafür ist ein fest umrissenes Sündenbewußtsein.

Damit verbindet sich die Spaltung der Wirklichkeit in gläubige und ungläubige Christen, in wahre und falsche Verkündigung, in wahre und falsche Kirche, in Gemeinschaft der Rechtgläubigen und sündhafte Welt.

Ihr Glaube an Gottes Führungen und Fügungen, die den Ablauf des eigenen Lebens bestimmen, verhindert oft die selbstverantwortliche Bearbeitung von Lebensproblemen. Fundament dieses Glaubens ist die Bibel, deren Inhalte als unverbrüchliche Wahrheiten anzuerkennen sind. Neuzeitliche theologische Interpretationen der Bibel werden ausgeblendet. Die Vernunft erhält damit einen zweitrangigen Platz.

Mit den Hauptströmungen in der gegenwärtigen Theologie haben sich diese Christen durch ein spezielles, für ihren Glauben zurechtgestutztes Informationsangebot vertraut gemacht. Ihr zwanghaftes Glaubenssystem macht es erforderlich, immer wieder stabilisiert und gegenüber Andersdenkende abgegrenzt zu werden; ihr Glaube ist grundlegend labil.

Die private und familiäre Praxis gestaltet sich als sehr umfangreich. Gebete zu jeder Tageszeit und auch Hausandachten gehören dazu. Besonders schätzt man freie Gebete in Gebetsgemeinschaften.

Die Kirchenvorsteher unter diesen Christen verstehen ihr Amt als Berufung von seiten der Gemeinde, und die Hauptaufgabe besteht in der geistlichen Leitung der Gemeinde. Darin entsprechen diese Christen allein den Anforderungen der Kirchenordnung.

Im Rahmen ihrer geistlichen Leitung bemühen sich die Kirchenvorsteher, alle Gemeindeglieder zu einer bewußten Entscheidung für Jesus zu führen und das geistliche Leben zu erhalten. Sie arbeiten daher in vielen Gruppen und Kreisen der Kirchengemeinde mit.

Vom Gemeindepfarrer erwartet man eine glaubensmäßige Vorbildfunktion; er wird auch ständig auf seine Rechtgläubigkeit hin kontrolliert.

Der Toleranzspielraum ist insgesamt ziemlich klein. Die Sitzungen des Kirchenvorstandes beherrscht das Ideal der brüderlichen Harmonie. Konflikte werden unterdrückt oder verschleiert.

Die Kirche als Volkskirche dient als Raum missionarischen Wirkens. Insgesamt lehnt man die Volkskirche wegen ihrer vermeintlichen geistlichen Substanzlosigkeit und der Anpassung an die Humanwissenschaften ab. Die Zukunft der Volkskirche ist nach Ansicht dieser Christen deshalb gefährdet; eine Glaubensspaltung liegt im Bereich des Möglichen; die wahre Kirche als Gemeinschaft der Rechtgläubigen bleibt allerdings immer bestehen.

Die Glaubensüberzeugung bestimmt auch die Alltagspraxis. Spannungen zwischen dem üblichen Alltagsverhalten und christlichen Normen tauchen hin und wieder auf, ebenso Widersprüche zwischen eigenen Glaubensüberzeugungen und alltäglichem Planen, Wünschen und Hoffen.

Eindeutige politische Konsequenzen ziehen diese Kirchenmitglieder aus ihrem Glauben nicht, da sich ihr Glaube auf das persönliche Seelenheil konzentriert und man der 'Welt' nebensächliche Bedeutung beimißt.

7.4. Die rationalen Christen

Rational heißt: vernunftgemäß, auf Vernunft beruhend. Prozentual ist der Anteil dieser Christen verschwindend gering. Hauptmerkmal ihrer christlich-kirchlichen Prägung während der Kinder- und Jugendzeit ist ein gehobenes Bildungsniveau im Elternhaus.

Das Zentrum ihres Glaubens besteht in einem von der Vernunft bestimmten kritischen Aufnehmen und Verarbeiten biblischer und kirchlicher Überlieferungen, bzw. in einer „Dauerreflexion" (Schelsky). Das bedeutet: Diese Christen legen sich selten fest. Sie lassen viele Fragen und Probleme in der Schwebe, sind aber für neue Ansichten und Erkenntnisse empfänglich.

Meistens haben sich diese Christen auch intensiver mit theologischen Fragestellungen auseinandergesetzt; sie interpretieren biblische Inhalte und relativieren diese dadurch in ihrer Bedeutung. Vor einem naiven Entweder-Oder sind sie gefeit. Nur momentan und auf eine konkrete Situation bezogen nehmen sie eindeutig Stellung. Dieses Glaubensprofil beruht allerdings auf einigen Eckpfeilern, die unangetastet bleiben. Solche Eckpfeiler sind zum Beispiel: Freiheit des Denkens und Handelns; Orientierung an der Person Jesu; Ablehnung jeglicher absoluter Wahrheiten; Prinzip der Menschlichkeit.

Innerhalb dieses Gerüstes des christlichen Selbstverständnisses kann sich sehr viel abspielen. Der Toleranzspielraum ist ziemlich groß.

Christliche Gepflogenheiten traditioneller Art trifft man kaum an. Besinnung, Diskussion und Meditation lassen sich als eine Art christlicher Praxis nennen. Darin sind auch ihre christlich-religiösen Erfahrungen enthalten.

Im Amt des Kirchenvorstehers schlägt sich dieses Selbstverständnis insofern nieder, als die Auseinandersetzung über Sachfragen oft in ein ermüdendes Intellektualisieren ausartet und ein rasches Handeln erschwert.

Überhaupt neigen diese Christen dazu, mittels ihrer rationalen Fähigkeiten Distanz zum persönlichen Engagement zu schaffen. Probleme werden mit allen möglichen Argumenten dafür und dagegen so zerredet, daß schließlich alles im Unverbindlichen endet und das erforderliche Handeln auf der Strecke bleibt.

Die rationalen Fähigkeiten dienen somit als Abwehrmechanismus. In der Regel bemühen sich diese Kirchenvorsteher jedoch um eine den Aufgaben angemessene Arbeit. Der Pfarrer gilt als Gesprächspartner in bezug auf Theologie und Sinn- und Orientierungsfragen, wobei die meisten der theologischen Erörterungen außerhalb einer persönlichen Betroffenheit liegen und vorwiegend der Befriedigung eines intellektuellen Interesses dienen.

Die Gesamtkirche beurteilen diese Christen überwiegend unter kritischen Gesichtspunkten. Sie halten die Verkündigung der Pfarrer oft für zu unreflektiert und voll unbewiesener Behauptungen. Ihrer Meinung nach sollte die Bildungsarbeit in der Kirche intensiviert werden.

Diese Christen befürworten zwar ein politisches Engagement der Kirche, neigen aber zu einer Art politischer Ausgewogenheit (Unverbindlichkeit), die auf der Basis des freischwebenden Intellektualismus ruht: „Die Kirche ist dazu verpflichtet, den Leuten das Material an die Hand zu geben, daß sie fähig und in der Lage sind, sich politisch in der richtigen Weise zu engagieren; so daß ich davon überzeugt bin, daß wir Kriegsgegner und Bundeswehroffiziere in der Gemeinde haben können. Das braucht sich keineswegs zu beißen. Und die müssen und können beide nebeneinander gute Christen sein. Jeder hat seine Argumente, und die soll man nebeneinander stehen lassen."

Eine solche Haltung birgt die Gefahr in sich, sich jeder politischen Richtung und Situation anzupassen und sich vor einem politisch eindeutigen Engagement zu drücken.

Die Zukunft der Kirche stellt für diese Christen kein nennenswertes Problem dar. Ihre Diskussionen über das Für und Wider einer Freiwilligkeitskirche trägt den Charakter eines intellektuellen Glasperlenspiels.

Das von rationalen Gesichtspunkten geprägte christliche Selbstverständnis bestimmt den beruflichen Alltag und die politische Einstellung. Bei der Frage nach ihrem parteipolitischen Standort geben sich diese Christen oft unverbindlich liberal und scheuen sich vor einer Festlegung.

7.5. Die pragmatischen Christen

Unter „Pragmatismus" steht im Duden: „Ordnung des Geschäftsbetriebes".

Wir verwenden den Begriff 'pragmatisch', um damit ein vielfältiges, aber wenig durchdachtes und wenig eigenverantwortliches Engagement in der Kirche zu bezeichnen. Solche Christen sind 'Mädchen für alles' oder Wasserträger des Pfarrers. Das eigene Engagement steht im Vordergrund; die Kirchengemeinde ist nur Mittel zum Selbstzweck. Diese Christen könnten auch in einem Verein die 'niederen' Arbeiten verrichten.

Es gibt sie in allen Kirchengemeinden. Sie haben in der Regel eine traditionelle christlich-kirchliche Bindung erfahren.

Für sie ist es besonders schwierig, Aussagen über ihre Glaubensüberzeugungen zu machen; über theologische Kenntnisse verfügen sie nicht, und die christlichen Gepflogenheiten sind traditioneller Art. Regelmäßig nehmen sie jedoch an den kirchlichen Veranstaltungen teil und engagieren sich auch sonst in der Kirche.

Als Kirchenvorsteher werfen sie anderen Mitgliedern mangelnde Aktivität vor. Mitunter beklagen sie ihre ungenügende Qualifikation, die ein effektiveres Engagement verhindern.

Als Ziel steht ihnen eine Kirchengemeinde mit mehr Leben vor Augen. Inhaltlich genauer können sie aber dieses 'mehr Leben' nicht bestimmen.

Zur Gesamtkirche Stellung zu nehmen, stellt für sie eine Überforderung dar.

Ihre kirchliche Tätigkeit nimmt einen beachtenswerten Raum in der Freizeit ein.

In einer Tabelle stellen wir diese unterschiedlichen Typen zusammengefaßt noch einmal dar:

	tradit. Christen	funktion. Christen	evangelik. Christen	ration. Christen	pragm. Christen
Kirchengemeinde	Pfarrer repräsentiert die Kirche.	Raum des sozialen Handelns.	Gemeinschaft der Gläubigen.	Diskussionsforum.	Raum des eigenen Engagements.
Kinder- und Jugendzeit	traditionelle christlich-kirchliche Prägung.	Vorherrschen der kirchlichen Einflüsse.	„Bekehrung"	gehobenes Bildungsniveau im Elternhaus.	traditionelle christlich-kirchliche Prägung.
Kernpunkt des Glaubens	Gott, Nächstenliebe, Toleranz.	Nächstenliebe.	totale Abhängigkeit von Gott.	Denken; einige Grundprinzipien.	unsicher.
biblische Inhalte	fraglos akzeptiert bis gleichgültig.	Orientierungsrahmen.	Grundwahrheiten.	relativiert.	fraglos akzeptiert bis gleichgültig.
christliches Wissen	nichts.	kaum.	informiert.	informiert, von Bedeutung.	nichts.
christliche Praxis	traditionelle Gepflogenheiten.	kaum.	sehr intensiv.	kaum.	traditionelle Gepflogenheiten.
christliche Erfahrung	Halt in Krisen.	Sinnfragen.	totale Geborgenheit.	Sinnfragen.	Halt in Krisen.
Rolle als Kirchenvorsteher	zuständig für das Gemeinwohl.	aktive Mitarbeit.	Verantwortung für das Heil der Gemeinde.	aktive Mitarbeit.	aktive Mitarbeit.
Verhältnis zum Pfarrer	kirchliche Obrigkeit.	Vorbild des Engagements.	Vorbild des Glaubens.	theologischer Experte.	kirchliche Obrigkeit.
Thematik im Kirchenvorstand	Verwaltungsangelegenheiten.	soziale Probleme.	geistlicher Anstrich.	oft theol. Diskussionen.	Verwaltungsangelegenheiten.
Zusammenarbeit im Kirchenvorstand	spannungsfrei.	partnerschaftlich.	Harmonieideal.	kollegial.	kaum Spannungen.

	tradit. Christen	funktion. Christen	evangelik. Christen	ration. Christen	pragm. Christen
Ziele der Arbeit	keine.	sichtbare Kirche	Bekehrung aller.	keine.	mehr Leben.
Gesamt-kirche	keine Meinung.	reformbe-bedürftig.	zu unbib-lisch.	zu irrational.	keine Meinung.
Kirche und Politik	für politische Enthaltung.	Kirche als po-litischer Part-ner.	Politik nur vom Evange-lium her.	für polit. Bildung.	für politische Enthaltung.
Zukunft der Kirche	Volkskirche bleibt.	von Reformen abhängig.	Volkskirche fraglich.	von der Bildung der Pfarrer ab-hängig.	Volkskirche bleibt.
Folgen im Beruf	Spannung: christlich und 'normal'.	mitmenschliche Ausrichtung.	Spannungen und Wider-sprüche.	rationales Be-rufsverständ-nis.	Spannung christ-lich und 'normal'.'
Folgen in der Frei-zeit	Vereine und Hobbies vor-rangig.	gesellschaft-liches und kirchliches Engagement.	kirchliches Engagement.	kirchliche Mitarbeit.	erhebliche kirch-liche Mitarbeit.
politische Einstel-lung	Nähe zu den Volkspar-teien.	Nähe zu den Grünen.	Nähe zu den konservativen Volksparteien.	unverbindlicher Liberalismus.	Nähe zu den Volksparteien.

Unsere Typologie läßt sich auch auf die Mitglieder anderer gesell-schaftlicher Großorganisationen übertragen, natürlich mit inhaltlich anderen Akzentuierungen. In Parteien, Gewerkschaften und selbst in gegenwärtigen sozialistischen Systemen trifft man auf traditionsver-haftete, funktionale, orthodoxe (die auf Heilswahrheiten pochen), in-tellektuelle und pragmatische Mitglieder.

Auch bei diesen begegnen uns Skepsis und Kritik gegenüber der Gesamtinstitution, Gleichgültigkeit hinsichtlich der überlieferten In-halte und auch das ehrenamtliche Engagement ist in vielen Punkten vergleichbar (siehe zum Beispiel Schellhaas, Apathie und Legitimität; Michels, Soziologie des Parteiwesens; Vall, Gewerkschaften; Raschke, Vereine).

Offensichtlich gehören die beschriebenen Typen als fester Bestand-teil zum mitteleuropäischen Kulturkreis.

8. Anmerkungen zur Theologie der Volkskirche und der Volksfrömmigkeit

Zwischen unseren bisherigen Feststellungen und kirchenamtlichen Verlautbarungen tut sich eine ziemliche Kluft auf (als Grundlage des folgenden Vergleiches dienen die Kirchenordnung und die Ordnung des kirchlichen Lebens der Ev. Kirche in Hessen und Nassau).

Den Gegensatz und die Spannungen zwischen dem theologischen Auftrag des Pfarrers und den Erwartungen der Kirchenmitglieder haben Theologen und Mitglieder führender kirchlicher Gremien oft genug hervorgehoben, in der Regel mit der Forderung verbunden, dem theologischen Auftrag unbedingte Vorrangstellung einzuräumen. Für die Erwartungen der Kirchenmitglieder hatte man nicht immer freundliche Worte übrig.

Mit Recht ist daher Josuttis der Meinung: Hinter den Erwartungen der Gemeindeglieder bei den Amtshandlungen sind Sehnsüchte nach „Anerkennung des eigenen Lebens, nach Erfahrung von Geborgenheit, Heil und Glück" erkennbar. Diese Sehnsüchte beruhen auf Mängeln im gesellschaftlichen System. Deshalb sollte man diese Sehnsüchte nicht als „heidnisch oder kleinbürgerlich" brandmarken (Josuttis, Pfarrer, S. 47).

Jahrhundertelang verstand sich die Kirche allein unter theologischen Gesichtspunkten und hat dabei den Menschen in seinen Lebensbezügen, mit seinem religiösen Denken und Glauben, aus dem Blick verloren. Es ist schon deprimierend, wenn heute junge Erwachsene den Gottesdienst als Forum der Langeweile und Sprachlosigkeit betrachten (Feige, Erfahrungen, S. 106). Über diese Einschätzung kann man nicht hinwegsehen, indem man die Pfarrer auf ihren theologischen Auftrag hinweist.

Die Bibel selbst spiegelt viele Denk- und Glaubensvorstellungen der damaligen Zeit wider und erweist sich als ein Dokument untrennbarer Verwobenheit von Geistlichem und Weltlichem.

Demnach hat sich die Theologie nicht nur dem Studium der Bibel, sondern im gleichen Maß dem heutigen Menschen in seinen gesellschaftlichen Verpflechtungen zu widmen. Es gibt keine theologische Wahrheit an sich, sondern nur als Versuch einer Antwort auf die Fragen und Probleme des gegenwärtigen Menschen. Und dazu muß man hören, verstehen und nicht vorschnell verurteilen, was zum Beispiel uns heute als Volksfrömmigkeit begegnet.

Es ist inzwischen eine Binsenweisheit, daß sich die Fragen des Menschen ständig wandeln. Zum Beispiel ging es Luther und vielen Menschen seiner Zeit zentral um die Gnade Gottes, wobei die Vorstellung eines die Sünden der Menschen heimsuchenden Gottes Allgemeingut war; heute bestimmt uns ein anderes Lebensgefühl mit anders gewichteten Fragen. Weniger die Angst vor einem strafenden Gott, sondern das grundlegende Bedürfnis nach Orientierung und Geborgenheit markiert die Situation des Menschen heute.

Zu oft gibt die Kirche immer noch Antworten auf die Fragen von gestern.

Junge Erwachsene halten den Pfarrer für eine wichtige Person, den sie aber in seinen Reden kaum verstehen (Feige, Erfahrungen, S. 84ff und 276). Demnach müssen viele Pfarrer noch eine Sprache aus einem anderen Wirklichkeitshorizont sprechen.

Was hindert eigentlich Kirche und Theologie daran, gezielt vom Menschen auszugehen?

Das würde natürlich auch eine Umkehrung der theologischen Ausbildung beinhalten. Während bisher Altes und Neues Testament im Mittelpunkt des Studiums standen, sollte zum Grundgerüst der Ausbildung eines Pfarrers zunächst die Beschäftigung mit soziologischen, psychologischen und politischen Gegebenheiten gehören. Je profunder die Kenntnis der Lebenswirklichkeit des Menschen heute ist, desto sachgemäßer kann dann eine Verkündigung des Evangeliums erfolgen. Zu vorschnell hat man bisher die Wirklichkeit unter dem eigenen theologischen Blickwinkel gesehen, anstatt von der Wirklichkeit ausgehend, sich an theologische Antworten heranzutasten.

Hinzu kommt allerdings, daß die führenden kirchlichen Gremien tendentiell evangelikal ausgerichtet sind, was ihre Wirklichkeitsferne fördert.

8.1. Die christliche Gemeinde im Spiegel von Kirchenordnung und Wirklichkeit

Im Artikel 1 der Kirchenordnung von Hessen und Nassau wird die christliche Gemeinde charakterisiert als „die in Christus berufene Versammlung, in der Gottes Wort lauter verkündigt wird und die Sakramente recht verwaltet werden." Weitere Formulierungen in der Kirchenordnung bestätigen, daß die Verkündigung des Evangeliums und damit die regelmäßige Teilnahme an Gottesdienst und am Abendmahl das Zentrum der christlichen Gemeinde darstellen sollen.

Diese theologische Interpretation von christlicher Gemeinde stammt aus der vorindustriellen Gesellschaft, in der dem Gottesdienst ein anderer sozialer Stellenwert zukam als heute (siehe oben K. 1.1).

Der Gottesdienst dient nur noch selten als Kontakt- und Begegnungsstätte und ist als Freizeitbeschäftigung unattraktiv. Die Kirchenmitglieder plädieren für die Beibehaltung des Gottesdienstes deshalb, da diese regelmäßig stattfindende Veranstaltung dafür steht, daß das Leben insgesamt noch in Ordnung ist. Die Kirchenmitglieder äußern immer weniger Schuldgefühle, wenn sie den Gottesdienst nicht besuchen, obwohl ihnen der regelmäßige Besuch als Norm durchaus bewußt ist.

Man möchte auch keine grundlegende Veränderung der Form des Gottesdienstes. Wenn man ihn aber gelegentlich besucht und dort lebensnahe Themen und Probleme angesprochen hört, dürfte sich in absehbarer Zeit das Urteil junger Erwachsener wandeln (siehe oben S. 109). Die konkreten Lebensumstände des Menschen sollten im Gottesdienst den Kern bilden, der dann im Rahmen übergreifender Sinnzusammenhänge erläutert werden kann. Während der bisherige Weg des Predigers der *vom Text zum Hörer* war, wobei der Hörer selten wirklich erreicht wurde, erscheint als der gebotene der *vom Hörer zum Text.*

Für seinen alltäglichen Dienst braucht der Pfarrer heute keine Theologie, aber viel Menschenkenntnis und Einfühlungsvermögen.

Unsere Gesellschaft benötigt heute Personen, die sich am Rand von kommerziellen Gesichtspunkten bewegen (also nicht jedes Gespräch oder jede Beratung in Rechnung stellen), und sich als Begleiter der Krisen und Nöte im Leben anbieten. Diese Personen (Pfarrer) sollten auch leben, was sie sagen und somit durch ihr Dasein garantieren, daß die Welt noch in Ordnung ist (Stoodt/Weber, Christentum, S. 308).

Eine christliche Gemeinde besteht nun nicht nur aus der Veranstaltung der Gottesdienste. Laut der Ordnung des kirchlichen Lebens in Hessen und Nassau sind für eine lebendige christliche Gemeinde noch folgende Kriterien maßgebend: Regelmäßige Lektüre der Bibel im Familienkreis, Gebet, Hausandachten.

Diesen Vorstellungen entsprechen nur die evangelikalen Christen, was wiederum die evangelikale Ausrichtung kirchlicher Gremien unterstreicht.

Weiterhin erwartet man von den Gemeindegliedern die „Verantwortung füreinander, „das Bekennen und Vergeben von Schuld", „den Dienst an den Schwachen", die „Sendung nach draußen" (wohin eigentlich?). Die christliche Gemeinde soll also so etwas wie eine große Familie sein, in der jeder zu jedem ein Vertrauensverhältnis besitzt.

Dieses Ideal hatte vielleicht vor der Industrialisierung Chancen, ansatzweise verwirklicht zu werden; heute hingegen verwirklicht sich dies allenfalls in kleinen Kreisen und Gruppen innerhalb einer Kirchengemeinde, und auch nur dann, wenn gezielt gruppendynamisch gearbeitet wird.

Die Kirchenvorsteher in einer Kirchengemeinde stellen keine besondere Klasse von Christen dar. Sie spiegeln die Gesamtheit aller Kirchenmitglieder wider.

Nach der Kirchenordnung kommt den Kirchenvorstehern die Aufgabe zu, die Kirchengemeinde zu leiten, sowohl in geistlichen wie auch in rechtlichen, finanziellen, kurz „weltlichen" Angelegenheiten. Die Tätigkeitsworte hierbei lauten: verantwortlich sein, achten, ernst nehmen, anhalten, ermuntern, wirksam werden lassen, beten, trösten, stärken, mahnen, warnen, helfen.

Diese Begriffe sind in ihrer Mehrzahl nicht nur verschwommen, sondern es bleibt auch völlig offen, in welcher Weise ein Kirchenvorsteher sein Amt wahrnehmen sollte. Nicht diese theologischen Überlegungen erweisen sich als hilfreich für das Amt des Kirchenvorstehers, sondern die Berücksichtigung historischer Überkommenheiten und eine Analyse der Kirchengemeinde.

Wenn der Kirchenvorstand die Gemeinde leiten soll, was er in Wirklichkeit nicht tut und in geistlicher Hinsicht nicht kann (ausgenommen bei den evangelikalen Christen), werden alle diese Formulierungen über die Aufgaben des Kirchenvorstandes zu „ideologischen Floskeln" (Winter, Gemeindeleitung, S. 45).

Die Volkskirche bleibt Pastorenkirche, und alle Bestrebungen, ein eigenständiges Laienchristentum gegenüber dem Pfarrer zu installieren, sind in absehbarer Zeit nicht zu verwirklichen.

Die Kirchenvorsteher wollen das auch gar nicht. Sie fühlen sich in ihrer dem Pfarrer nachgeordneten Position insgesamt wohl.

Statt weiterhin von Leitung zu reden, sollte man sie in ihrer Aufgabe als Anwalt der Gemeindeglieder und als Vermittler zwischen Pfarrer und Gemeindeglieder bestärken und zum Beispiel nicht ein theologisches Bildungsdefizit beheben wollen.

8.2. Zur Theologie der Volkskirche

Allgemein heißt es, die Tradition in der Volkskirche verlöre ständig an Bedeutung und die Selbstverständlichkeit der Zugehörigkeit gehe zurück.

Diesen „Traditionsverlust" hat man aber in den letzten Jahren erheblich überschätzt.

Auch in absehbarer Zeit wird sich an dem Bestand der Volkskirche nichts ändern, vorausgesetzt, die politischen Verhältnisse bleiben in etwa die gleichen.

Als Säulen der Volkskirche gelten nach wie vor die helfende und tröstende Begleitung in Form von Amtshandlungen, Seelsorge und dem Bemühen um Sinnvermittlung (also der Beschäftigung mit der immer aktuellen Frage nach des Menschen Wozu, Woher und Wohin, die im Glauben an Gott oder an ein „höheres Wesen" zum Ausdruck kommt). Damit verbindet sich ein Interesse daran, was in der Lebensführung gelten sollte. Mit dem Hinweis auf die Nächstenliebe ist eine Antwort angedeutet. Das Bewußtsein, die Nächstenliebe nur auf den privaten Bereich zu beschränken, verändert sich allmählich. Die Nächstenliebe als Maßstab des Handelns wird immer mehr auch auf gesamtgesellschaftliche und weltweite Problemzusammenhänge bezogen.

Und ein Kennzeichen der Nächstenliebe ist natürlich Toleranz.

Kennzeichen der Kirche sind nach der Kirchenordnung „lautere Verkündigung des Wortes Gottes und rechte Verwaltung der Sakramente". Die christliche Gemeinde ist ebenso definiert worden.

Aufgrund dieser Konzentration auf die Verkündigung haben einerseits Theologen die Hauptsäule der Volkskirche, die Amtshandlungen, mitunter diffamiert als „Zeremonienmeisterei" und den Pfarrer als „Kultkasper" und sprachen auch von einem „Mißbrauch" des Pfarrers. Die Erwartungen der Gemeindeglieder an die Amtshandlungen galten als *uneigentlich* gegenüber der „lauteren Verkündigung des Wortes Gottes".

Andererseits haben viele Pfarrer die Wirkungslosigkeit ihrer „lauteren Verkündigung" erfahren müssen und sind an dem Zwiespalt zwischen Auftrag und Erwartung gescheitert (siehe auch Josuttis, Pfarrer, S. 28ff). Die Amtshandlungen lassen sich auch theologisch angemessen begreifen, wenn wir sie unter dem Blickwinkel der Nächstenliebe sehen (zum folgenden siehe Stoodt/Weber, Christentum, S.299).

Die *Taufe* eines Kindes ist die öffentliche Dokumentation der *Liebe der Eltern zu ihrem Kind*. Mit der Liebe zum Kind verbinden sich Freude und Dankbarkeit für das neue Leben, Hoffnungen und Wünsche für die Zukunft des Kindes, und die umfassende Verantwortung der Eltern.

Diese Gedanken begründen auch die familiäre Feier. Die Taufe ist Anlaß für *das* Familienfest bei der Geburt eines Kindes.

Der Gang zur Kirche hängt mit dem Bewußtsein der Eltern zusammen, letztlich in vielen Dingen abhängig zu sein, von den Unwägbarkeiten der Zukunft oder einem nichtbeeinflußbaren Schicksal oder von dem höheren Wesen Gott. In der Kirche als besonderem Gebäude und durch den Pfarrer mit seiner Handlung fühlt man sich zusammen mit dem Kind noch am besten mit diesen Unsicherheiten aufgehoben.

Ähnliches gilt für die *Konfirmation,* dem Ereignis zwischen Kindsein und Erwachsenwerden.

Die Liebe der Eltern führt in dieser Zeit zu einem partnerschaftlichen Umgang mit ihrem Kind; die Liebe des Kindes erweitert sich auf die Gemeinschaft der Gleichaltrigen.

Neben dem Elternhaus bietet nun die Gruppe Gleichaltriger Geborgenheit und Orientierung. Die Eltern erfahren allmählich die Ablösung ihres Kindes von der Familie und den bis dahin uneingeschränkt geltenden Autoritätsstrukturen. Sie müssen lernen, den Fragen, Bedürfnissen und der Kritik ihres heranwachsenden Kindes mit Verständnis und Geduld zu begegnen und auf Druck und Gewalt zu verzichten. Durch letzteres entfremden sich ihre Kinder von ihnen und suchen vermehrt in Gruppen Gleichaltriger Halt. Die Kinder befolgen dann auch eher die Normen, die in der Gruppe gelten, um nicht wieder isoliert zu sein. Und zur Norm einer Gruppe können auch Drogenkonsum, kriminelle Neigungen u.s.w. gehören.

Die partnerschaftliche Beziehung zwischen Eltern und Kindern (dazu zählen Verhaltensweisen wie gegenseitiges Entschuldigen bei Irrtümern, Austausch der gegenseitigen Empfindungen) ebnet den Weg des Kindes zu selbständigem Denken und Handeln und auch Glauben.

Die Auswüchse, die hin und wieder bei der Feier der Konfirmation auftreten, stellen eine Vorwegnahme der Rechte Erwachsener dar und vermitteln dem Heranwachsenden das Bewußtsein, nun im Kreis der Erwachsenen aufgenommen zu sein.

Die *kirchliche Trauung* stellt die liebende Beziehung zum Ehepartner mit der Übernahme der Verantwortung füreinander und den Hoffnungen, Wünschen und Unwägbarkeiten hinsichtlich der gemeinsamen Zukunft direkt in den Mittelpunkt.

Bei der *Beerdigung* wäre der Gedanke zu entfalten, daß die Liebe auch mit dem Tod eines Menschen nicht aufhört, die Liebe dem Verstorbenen gegenüber, ausgedrückt in Schmerz, Trauer und Dankbarkeit und der Gedanke der Liebe Gottes, die unser Woher und Wohin umgreift.

Zu den Amtshandlungen gehört die *seelsorgerliche Begleitung*.

Oft beschränkt sich der Kontakt des Pfarrers auf die Gottesdienstbesucher; als 'Randsiedler' oder 'Karteileichen' wertet er die anderen Kirchenmitglieder ab. Im übrigen wartet er darauf, von dem Gemeindegliedern aufgesucht zu werden.

Wenn es sich nicht um eine Amtshandlung handelt, sondern um persönliche Probleme, ist die 'Schwellenangst' ziemlich hoch, ein Pfarrhaus zu betreten. Im Pfarrhaus vermutet man eine vom Üblichen abgehobene Atmosphäre, die ein vertrauliches Gespräch blockieren könnte. Der Leidensdruck muß schon erheblich sein, den Pfarrer in seinem Haus aufzusuchen.

Geht der Pfarrer aber zu einem Kirchenmitglied in dessen Haus oder Wohnung, fühlt sich derjenige nicht nur geehrt, sondern hat in seiner eigenen Umgebung weniger Hemmungen, über sein Befinden zu sprechen.

Amtshandlungen, Krankheiten und Geburtstage sind „Türöffner" für den Pfarrer, die seelsorgerliche Begleitung *allen* Kirchenmitgliedern anzubieten.

Nach den kirchlichen Verlautbarungen sollte die Art und Weise der seelsorgerlichen Begleitung der Verkündigung dienen. Das führt bei vielen Pfarrern dazu, unbedingt bei einem Besuch ein Bibelwort oder ein Gebet an den Mann zu bringen, weil sich bei ihm sonst ein schlechtes Gewissen einstellt. Die Norm ist, der Besuch muß einen frommen Anstrich haben. Mit dieser nicht gerade feinfühligen seelsorgerlichen Praxis sind viele Gemeindeglieder der Kirche entfremdet worden.

Nächstenliebe hieße demgegenüber, statt dem Reden erst einmal das Hören zu üben, zuhören und sich selbst nicht unter den Druck stellen, etwas als Pfarrer sagen zu müssen. Vor allem sollte er mit theologischen Wahrheiten ganz behutsam umgehen.

Die Hinweise der heutigen Seelsorgeforschung sind hierbei uneingeschränkt zu begrüßen.

Manchmal klagen die Pfarrer, sie hätten für Besuche keine Zeit. Durchschnittlich ist ein Pfarrer wöchentlich etwa 65 Stunden im Dienst (siehe Josuttis, Pfarrer, S. 128ff). Müßte nicht in der Gewichtung der Arbeit bei vielen Pfarrern einiges zurechtgerückt werden?

Wenn allerdings bis zu zwei Tagen die Predigtvorbereitung dauert, kommt die Seelsorge in der Tat zu kurz. Die unmittelbare Begegnung mit dem Menschen ist für die Predigt fruchtbarer als die Beschäftigung mit theologischer Literatur.

Bei der Seelsorge spielt die Echtheit und Glaubwürdigkeit des Pfarrers (Authentizität) eine entscheidende Rolle. Der Pfarrer muß im Alltag hinter dem stehen und auch leben, was er sonntags sagt. Er steht mit seiner Person ein für die Verlässlichkeit seiner Botschaft, für den Glauben an Gott, für einen Sinnzusammenhang in dieser Welt.

Bei Besuchen sollte er deshalb neben dem Zuhören durchaus sagen, was er selbst fühlt, wo er zweifelt, was er denkt und glaubt, verbunden mit der selbstkritischen Überzeugung, daß seine ganzen Erfahrungen und Weisheiten im Grunde nur Stückwerk sind. Der Pfarrer hält seine Überzeugungen leicht für die einzig wahren und fühlt sich oft unterschwellig als ein Vertreter der Absolutheit und der Allmacht Gottes (siehe auch Josuttis, Pfarrer, S. 70ff).

In der evangelischen Kirche gibt es zum Glück keine verbindliche Lehrmeinung, die die Freiheit des Glaubens zu sehr einengt.

Das Prinzip der Nächstenliebe, das hinter diesen Anmerkungen steht, gilt natürlich auch für gesamtgesellschaftliche Verhältnisse. Die Kirche muß nicht kurzfristig um Wählerstimmen buhlen und sich dem Götzen 'Macht' wie die Parteien verschreiben. Sie hat die Chance, in der gegenwärtigen Gesellschaft eine kritische und geistige Führungsrolle zu übernehmen.

Der letzte Satz mag überheblich klingen, da die Kirche in der Regel bisher Handlanger der Herrschenden und Mächtigen war und sich auch noch in gegenwärtigen Verlautbarungen immer um Wohlausgewogenheit bemüht, die über eine unverbindliche Wortvielfalt selten hinausreicht; der theologische Gedanke des prophetischen Wächteramtes verbunden mit der Nächstenliebe könnte sie zu Initiativen beflügeln, die das ängstliche Starren auf die eigene Sicherheit überwinden.

Die Kirche könnte entschieden mehr tun, menschenwürdige Verhältnisse zu schaffen, Feindbilder abzubauen und den Kreislauf mißtrauischen Taktierens zu verlassen.

8.3. Zur Theologie der Volksfrömmigkeit

Während im Grundartikel der Kirchenordnung das reformatorische vierfache Allein (allein Jesus Christus, allein die Bibel, allein aus Gnade, allein durch Glauben wird dem Menschen das Heil zuteil) Grundlage und Richtschnur des evangelischen Bekenntnisses ist, treffen wir in den Inhalten der Volksfrömmigkeit auf andere Akzentuierungen.

Abgesehen davon, daß die meisten Kirchenmitglieder den überkommenen Glaubensinhalten unentschlossen bis gleichgültig gegenüberstehen (Feige, Erfahrungen, S. 120 und S. 187f), sehen wir nur bei den evangelikalen Christen eine ausgesprochene biblische und christologische Orientierung.

Die Begriffe 'Gnade' und 'allein durch Glauben' sind aus dem Lebenshorizont der Kirchenmitglieder verschwunden und erscheinen als Fremdworte ohne Sinn. Das reformatorische Anliegen der Rechtfertigung hat seinen unmittelbar einleuchtenden Sitz im Leben verloren.

Die Kirchenmitglieder glauben an Gott, betonen die Nächstenliebe und die Toleranz.

Man kann diesen Tatbestand negativ als Kennzeichen geistlichen Niedergangs deuten; übersehen wird allerdings bis heute, daß diese volkskirchliche Frömmigkeit jahrhundertelang ein Eigendasein führte und noch führt, unbeeinflußt von Theologie.

Theologie war bisher für den Dienst in der Kirche entbehrlich. Sie wird es weiterhin bleiben, wenn nicht der Mensch in seinen konkreten Lebensbezügen konzentriert in den Blick genommen wird.

Es ist nicht ausgemacht, daß die als platt und naiv charakterisierte Volksfrömmigkeit fernab jeglicher christlicher Wahrheit ist.

Auf die Nächstenliebe sind wir bereits eingegangen. Im folgenden sollen einige Anmerkungen zum Glauben an Gott und der religiösen Toleranz gemacht werden, wobei die Gedanken Paul Tillichs (Theologie, Bd. 1–3) Pate stehen.

Bezeichnend für die Volksfrömmigkeit ist die Aussage: Not lehrt beten. Damit wird ein Wesenszug des Menschen deutlich: In Krisensituationen fühlt er die Grenzen der eigenen Fähigkeiten und Möglichkeiten, die Unvollkommenheit und Endlichkeit allen menschlichen Daseins. In diesem Gefühl der Bedrohung wendet der Mensch sich an Gott, der als Macht begriffen wird, die das Endliche umgreift und demnach auch krisenhafte Situationen wenden kann. In psychologischer Begrifflichkeit ausgedrückt: Bedrohliche Situationen veranlassen den Menschen zur Regression, das heißt zum Rückfall in frühere Lebensphasen, letztlich zur Sehnsucht nach totaler Geborgenheit, wie sie im Mutterleib vorhanden war.

'Not lehrt beten', dieser Satz weist darauf hin, daß der Mensch von zwei Grundkräften bestimmt wird: Zum einen sein Streben nach Freiheit, Selbständigkeit, Unabhängigkeit; und die Entwicklung des Menschen vom Säuglingsstadium an läßt sich unter die Überschrift stellen: Von der Einheit zur Freiheit. Dieses Wagnis der Freiheit ist das ganze Leben begleitet durch die Sehnsucht nach ursprünglicher Einheit.

Normalerweise halten sich bei einem Erwachsenen diese beiden Grundtendenzen die Waage: Selbstverantwortung, Leistungsfähigkeit, Unabhängigkeit sind eingebettet in stabilen Beziehungen der Familie und Freundschaft. In Krisenzeiten überwiegt der Wunsch nach Geborgenheit. Da die Kirche im Mittelalter die Abhängigkeit, Unvollkommenheit und Sündhaftigkeit des Menschen überbetonte und lebensbejahende Tendenzen unterdrückte (Leibfeindlichkeit, Genuß als Sünde u.s.w.) kam mit der Aufkärung der Gegenschlag in Form von Allmachtsphantasien und Größenwahn des Menschen.

Es gilt, die Ausgewogenheit wiederzufinden: Die Freude am Leben zu bestärken im Engagement für Umweltschutz, Frieden und Gerechtigkeit in der Welt und zugleich den Allmachtsphantasien des Menschen zu wehren, die systematisch die Zerstörung des Lebensraumes betreiben. Gegenwärtig haben wir es noch mit den Nachwirkungen der Aufklärung zu tun, die in Orientierungslosigkeit, Flucht- und Ohnmachtserscheinungen ausmünden. Menschen setzen sich einerseits in Machtgier und Selbstgefälligkeit absolut, nehmen damit Gottes Platz ein und verleugnen ihre Unvollkommenheit und Endlichkeit; andererseits verlieren sie sich auf ihrer Suche nach Halt im Drogenkonsum, in religiösen und politischen Gruppierungen, die oft totalen Gehorsam verlangen (auch die Masse der Fan-Clubs kann man unter diesem Aspekt sehen). Der Beitrag der Theologie könnte darin bestehen, den Menschen dazu anzuleiten, sich zu seinen eigenen Schwächen zu bekennen, statt sie zu verschleiern oder zu verdrängen; sie sollte den einzelnen befähigen, Kritik zu akzeptieren und Randgruppen, die auf faule Stellen in der Gesellschaft hinweisen, nicht zu diskriminieren. Den Flucht- und Ohnmachtserscheinungen in der Gesellschaft gilt es die Nächstenliebe entgegenzusetzen in Form von Begleitung, Beratung, mannigfachen Gemeinschaftsangeboten und einem neuen Orientierungsrahmen, in dem der Glaube an Gott zur lebenstragenden Kraft wird.

Dieser *Glaube* beinhaltet Freude und Genießen des Lebens im Bewußtsein der Endlichkeit und Abhängigkeit von Gott, der das Woher und Wohin des Menschen umgreift. Dieser *Glaube* bedeutet, daß die Liebe als „Wiedervereinigung des Getrennten" (Tillich) Ausgewogenheit und Einheit von Geborgenheit und Freiheit bewirkt. Jesus selbst hat unter den Bedingungen der Geschöpflichkeit (Armut, Leid und Tod) die Liebe gelebt und damit Gottes Wesen offenbart. *Glauben* heißt, in Anerkennung der eigenen Grenzen, dem anderen ein Christus zu sein (Martin Luther).

> Und es fragte Jesus ein Vorsteher: Guter
> Meister, was muß ich tun, damit ich das
> ewige Leben ererbe? Jesus aber sprach
> zu ihm: Was nennst du mich gut?
> Niemand ist gut außer Gott allein.

9. Literaturverzeichnis

Arndt, M., *Ich-Konstitution* und religiöse Symbolwelt, in: Ders. (Hg.), Religiöse Sozialisation, Stuttgart, Berlin Köln, Mainz 1975, S. 71–88.

Beintger, H., *Art. Gebet* VI. Dogmatisch, in: *RGG II, Tübingen 1957, Sp. 1230–1234.*

Beyreuther, E., *Art. Erweckungsbewegung* im 19. Jh., in: *RGG II,* Tübingen 1957[3], Sp. 621–629.

Bonnet, R., *Nassovica.* Heft *II:* Schaumburger Land, Frankfurt 1934.

Bormann, G./Bormann-Heischkeil, S., Theorie und Praxis kirchlicher *Organisation.* Opladen 1971.

Brandenburg, H., *Art. Gemeinschaftsbewegung,* in: *RGG II,* Tübingen 1957[3], Sp. 1366–1374.

Dahm, K.-W., Beruf: *Pfarrer.* Empirische Aspekte, München 1971.

Ders., *Stabilität* der Volkskirche, in: Evangelische Kommentare 1979, S. 458–460.

Ders., *Verbundenheit* mit der Volkskirche, in: Matthes, J. (Hg.), Erneuerung der Kirche, Berlin 1975, S. 113–159.

Ders., Wird das evangelische *Pfarrhaus* „katholisch"? in: Rieß, R. (Hg.), Haus in der Zeit, München 1979, S. 224–237.

Dienel, P., *Art. Kirche,* in: Bernsdorf, W. (Hg.), Wörterbuch der Soziologie, Stuttgart 1969[2], S. 537–539.

Feige, A., *Erfahrungen* mit Kirche, Hannover 1982.

Ders., *Kirchenaustritte,* Gelnhausen, Berlin 1976.

Glock, C.Y., Über die *Dimensionen* der Religiosität, in: Matthes, J., Kirche und Gesellschaft, Reinbeck 1969, S. 150–168.

Grundartikel und Ordination in der evangelischen Kirche in Hessen und Nassau. Schriften der Evangelischen Akademie in Hessen und Nassau, Heft 70, Frankfurt 1967.

Harenberg, W. (Hg.), Was *glauben* die Deutschen? München 1968[2].

Hild, H. (Hg.), Wie *stabil* ist die Kirche? Gelnhausen, Berlin 1974.

Hüppauf, H./Stoodt, D., *Verständigung* über Religion, Münster 1979.

Josuttis, M., Der *Pfarrer* ist anders, München 1982.

Kaufmann, F.X., Kirche begreifen, Freiburg, Basel, Wien 1979.

Kehrer, G., Das religiöse Bewußtsein der *Industriearbeiter,* München 1967.

Kirchenordnung der evangelischen Kirche in Hessen und Nassau, Stand 1974.

König, R. (Hg.), *Soziologie*. Das Fischer Lexikon, Frankfurt/M. 1967.

Köster, R., Die *Kirchentreuen,* Stuttgart 1959.

Kulp, H.-L., *Art. Gebet* V. Kirchengeschichtlich, in: *RGGII,* Tübingen 1957[3], Sp. 1221—1230.

Lohse, J.M., Kirche ohne *Kontakte?* Stuttgart, Berlin 1967.

Lück, W., Praxis: *Kirchengemeinde,* Stuttgart, Berlin, Köln, Mainz 1978.

Ders., *Pastorenkirche?* in: *WPKG 1977,* S. 279—294.

Ders., Die *Volkskirche,* Stuttgart, Berlin, Köln, Mainz 1980.

Marsch, W.-D., *Institution* im Übergang, Göttingen 1970.

Matthes, J., *Religion* und Gesellschaft, Reinbek 1967.

Ders., *Kirche* und Gesellschaft, Reinbek 1969.

Ders., Volkskirchliche *Amtshandlungen,* Lebenszyklus und Lebensgeschichte, in: Ders. (Hg.), Erneuerung der Kirche, Gelnhausen, Berlin 1975, S. 83—112.

Maymann, U./Zerfaß, R., *Kranke Kinder* begleiten, Freiburg, Basel, Wien 1981.

Michels, R., Zur *Soziologie des Parteiwesens* in der modernen Demokratie, Stuttgart 1957[2].

Oberhessischer Studienkreis, *Land gewinnen,* Manuskript o.J.

Ordnung des kirchlichen Lebens der evangelischen Kirche in Hessen und Nassau, Darmstadt 1962.

Ottomeyer, K., Ökonomische *Zwänge* und menschliche Beziehungen, Reinbek, 1977.

Raschke, D., *Vereine* und Verbände, München 1978.

Reimuth, W., *Religionsunterricht* kontra Kirche? in: Feige, A. (Hg.), Erfahrungen mit Kirche, Hannover 1982, S. 249–273.

Rendtorff, T., Die *soziale Struktur* der Gemeinde, Hamburg 1958.

Ders., *Christentum* außerhalb der Kirche, Hamburg 1969.

Ders., *Manipulierende Kirche,* in: Deutsches *Pfarrerblatt.* Sondernummer zum Deutschen Pfarrertag vom 13.–15.9.1976, S. 713–719.

Richter, H.E., Der *Gotteskomplex,* Hamburg 1979.

Riemann, F., Grundformen der *Angst,* München, Basel 1975.

Riesmann, D., Die einsame *Masse,* Hamburg 1965.

Schellhaas, H., *Apathie und Legitimität,* München 1967.

Schelsky, H., Ist die *Dauerreflexion* institutionalisierbar? in: Matthes, J., Religion und Gesellschaft, Reinbek 1967, S. 164–189.

Schibilsky, M., Religiöse *Erfahrung* und Interaktion, Stuttgart, Berlin, Köln, Mainz 1976.

Schmidt, M., *Pietismus,* Stuttgart, Berlin, Köln, Mainz 1978[2].

Ders., *Art. Pietismus,* in: *RGG V,* Tübingen 1957[3], Sp. 370–381.

Schuster, K., *Art. Vereinswesen,* in: *RGG VI,* Tübingen 1957[3], Sp. 1315–1322.

Spiegel, Y., Der Pfarrer im *Amt,* München 1970.

Ders., Kirche in der *Klassengesellschaft,* Frankfurt/M. 1974.

Stenzel, P., Gruppendynamische *Arbeitsformen* in der ländlichen Pfarrei, in: Dahm, K.-W./Stenger, H. (Hg.), Gruppendynamik in der kirchlichen Praxis, München 1974, S. 113–128.

Ders., *Kirchenvorsteher* in der Volkskirche, Frankfurt/M., Bern 1982.

Stoodt, D./Weber, E., Volkskirchliches *Christentum,* in: Feige, A. (Hg.), Erfahrungen mit der Kirche, Hannover 1982, S. 299–317.

Stoodt, D., Volkskirche in der Diskussion, in: *Neue Stimme*, Heft 6, 1976, S. 17–19.

Tillich, P., Systematische *Theologie*, Bd. 1–3, Stuttgart, Frankfurt/M. 1980[6].

Vall, M.v.d., Die *Gewerkschaften* im Wohlfahrtsstaat, Köln, Opladen 1966.

Vaskovics, L., *Religion und Familie*, in: Wössner, J. (Hg.), Religion im Umbruch, Stuttgart 1972, S. 328–352.

Weber, E., Die Forderung nach Auflösung der *Kirchenorganisation*, in: Lohse, J.M. (Hg.), Menschlich sein – mit oder ohne Gott? Stuttgart, Berlin, Köln, Mainz 1969, S. 108–121.

Winter, U., *Gemeindeleitung* in der Volkskirche, Gelnhausen, Berlin 1977.

Wurzbacher, G./Pflaum, R. (Hg.), Das *Dorf* im Spannungsfeld industrieller Entwicklung, Stuttgart 1961[2].

Einstellungen und Überzeugungen von Kirchenvorstehern (Presbytern, Ältesten) und Erfahrungen des Verfassers als Gemeindepfarrer bilden die Grundlage für die Darstellung von Christentum und Kirche in der Bundesrepublik. Bisherige kirchensoziologische Erkenntnisse werden erweitert und vertieft. Insgesamt erscheint ein wirklichkeitsgetreues Bild der derzeitigen Situation der Volkskirche, das mitunter erheblich von der amtskirchlichen und theologischen Darstellung der Kirche abweicht. Auffallend ist der nahezu ungebrochene Einfluß volkskirchlicher Traditionen.

Peter Stenzel, geb. am 3.11.1943 in Pollychen, Krs. Landsberg a.d. Warthe. Studium der Theologie in Frankfurt, Mainz, Heidelberg und Marburg. Seit 1971 Gemeindepfarrer in Eppenrod (Unterwesterwald). Promotion zum Dr. phil. 1981 in Frankfurt/M.